일본어 청취연습

편저자 약력

┃김 대 성

중앙대학교 일어학과 졸업
중앙대학교 영어학과 졸업
중앙대학교 대학원 일어일문학과 석사
중앙대학교 대학원 일어일문학과 박사과정
일본 후쿠오카대학 대학원 일본어일본문학 문학박사
(현) 전남대학교 일어일문학과 교수

〈저서〉
韓日資料による中古漢音韻母音の再構(제이앤씨)
고대 일본어의 음운에 대하여(역서, 제이앤씨)
실용일본어와 문법(공저: 제이앤씨)
일본어고대어연구(제이앤씨) 등

〈논문〉
상대 일본어의 모음체계 연구
山上憶良의 音借表記字 연구
止摂 諸韻의 中古音 再構 -한일중 및 베트남·티베트 자료를 중심으로-
万葉仮名와 한국 한자음 -微韻의 반영음 /웨/- 외 다수

일본어 청취연습

초 판 인 쇄	2016년 08월 22일
초 판 발 행	2016년 08월 29일
편 저 자	김 대 성
발 행 인	윤 석 현
발 행 처	제이앤씨
책 임 편 집	최인노
등 록 번 호	제7-220호
우 편 주 소	서울시 도봉구 우이천로 353 성주빌딩 3층
대 표 전 화	02) 992 / 3253
전 송	02) 991 / 1285
홈 페 이 지	http://jncbms.co.kr
전 자 우 편	jncbook@hanmail.net

ⓒ 김대성, 2016. Printed in KOREA

ISBN 979-11-5917-024-9   13730   정가 11,000원

일본어 청취연습

김 대 성 편저

제이앤씨
Publishing Company

머리말

　일본어청취연습 즉 일본어 '듣기' 연습은 일본어 학습에서 '말하기' 못지않게 중요한 영역이다. 지금까지 학습하지 않은 표현이나 어휘는 발음은 알아들을 수는 있어도 무슨 말을 하는지는 알기가 어렵다. 즉 모르는 표현은 알아들을 수 없다고 해도 과언이 아니다.

　이 교재를 듣다보면 모르는 표현들을 접하면서 때로는 좌절감이 들 수도 있으나, 듣기 연습이란 편저자를 포함하여 누구나 이러한 과정을 반드시 겪게 되고 겪어야만 하는 것이다. 미처 알아듣지 못한 표현들은 반복학습을 통해 익혀나가다 보면, 갈수록 들리기 시작하는 퍼센트가 높아질 것이다. 특히 <일러두기>의 3의 학습방법을 이용하면 듣기능력이 더욱 향상될 것이다.

　본서는 가능하면 다양한 주제와 여러 사람들의 목소리를 담고자 하였다. 다큐멘터리, 영화, 애니메이션, 코미디, 기행, 그리고 연예와 오락 등의 다양한 장르에 여러 등장인물들의 목소리를 들을 수 있게 하였다. 또한 단순히 일본어 듣기만이 아니라 유용한 내용도 싣고자 하였다. 예를 들면 "내 사전에는 불가능이란 없다"고 하는 나폴레옹은 잠을 3시간밖에 자지 않았다는 것이 사실인지? 숙면을 취하려면 어떻게 해야 하는지? 일본 다도를 정립한 센노 리큐우(千利休)는 왜 할복을 하였는지? 연인을

사귈 때 처음 만나서 카페나 레스토랑 등에서 좌석은 어디에 앉아야 하는지? 나라(奈良)의 ディアライン이란 무엇인지? 등이다.

아무쪼록 이 교재의 학습을 통해 일본어 듣기가 즐거워지고 많이 나아지기를 기대할 뿐이다.

이 책의 출판에 수고해주신 제이앤씨의 윤석현 대표와 관계자 여러분들에게 깊이 감사의 인사를 드린다.

2016. 8월 김대성 씀

일러두기

1. 대화중에 여러 사람들이 있다 보니 대화가 서로 중복되어 잘 안 들리는 부분이나 단순한 감탄사류 등은 생략한 곳이 있다.

2. 한 사람이 말하고 있는 중간 중간에 다른 사람이 말하는 부분은 괄호 안으로 처리하였다.

3. 행 사이에 충분한 간격을 띄운 이유는 괄호안의 표현 듣기뿐만 아니라, 알고 있거나 모르는 표현에 관계없이 모든 표현을 모두 받아쓰기 할 수 있게 하기 위한 것이다. 받아쓰기는 듣기 연습 향상에 매우 중요한 방법 중의 하나이다.

目次

第1課

ナポレオン・ボナパルト

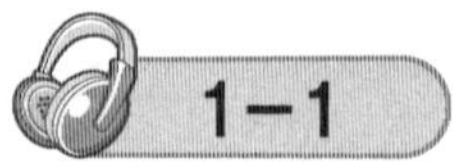

岡田准一　　ここに二つの絵があります。まずはこちら。この絵は(①＿＿＿＿＿＿)にも載っていたので、ええよく覚えていますね。

ナレーター　　1800年アルプスを越えてイタリアに進軍するナポレオンの姿。お抱えの(②＿＿＿＿＿＿)に描かせた30歳の頃の肖像画です。

岡田准一　　荒馬を乗りこなす勇敢な戦士。まさに(③＿＿＿＿＿＿)という絵ですよね。

ナレーター　同じ構図の(①　　　　　　　)などいくつもバリエーションがあるんです。(ええ)

岡田准一　そして次はこちらです。お～またちょっと…イメージがだいぶ違います。

ナレーター　1814年敵の(②　　　　　　)にパリを占領されてしまい、敗北寸前(③　　　　　　)のナポレオンの絵です。

岡田准一　容姿もまるで、こう、2つの絵は(④　　　　　　　　)感じですよね。

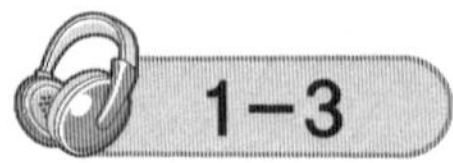

ナレーター 40を過ぎた頃から太って、そしてだいぶ（①＿＿＿＿＿＿）も後退してますね。

岡田准一 偉大な英雄ナポレオン。彼はなぜ数々の偉業を（②＿＿＿＿＿＿）、今もなお人々からたたえられ続けるのか。プロファイルの（③＿＿＿＿＿＿）となるのがこちらです。出てきました。まずは…召し使いの（④＿＿＿＿＿＿）。ナポレオンの信頼厚き召し使いが伝えるナポレオンの（⑤＿＿＿＿＿＿）とは？

岡田准一　そして続いて皇帝として冠を(①　　　　　　　　)…戴冠式の絵。この絵に描かれた母と妻。なぜ2人が？そして最後は…息子を(②　　　　　　　　)ナポレオンの絵。ナポレオンが幸せそうなお父さんの顔を見せる。しかしこの(③　　　　　　　)は転落の(　　　　　　　)。まずは1日3時間の(④　　　　　　　)で不可能を可能にしたと言われるナポレオンがどんな(⑤　　　　　　　)をしていたのか。召し使いの「回想録」をもとに英雄の1日をプロファイル。

コンスタン　「閣下にはたとえ前の夜に寝る時間がどんなに遅くても朝7時から8時の間には(①　　　　　　　　　)よう言われていました」

ナレーター　ナポレオンに(②　　　　　　　　)仕えた召し使いコンスタンはその「回想録」の中でナポレオンの生活を赤裸々に(③　　　　　　　)ています。「1日3時間睡眠」をはじめ数々の(④　　　　　　　　　)を残すナポレオンの30歳の頃の1日を見てみます。

ナレーター　朝9時(① 　　　　　　　　)に入って仕事を(② 　　　　　　　　)。当時既に第一執政という事実上の最高(③ 　　　　　　)でした。フランス革命後の新しい(④ 　　　　　　)のため、法の整備、軍事・(⑤ 　　　　　　)から道路や学校の建設まであらゆる事を一人で決めていました。昼の12時。昼食の時間ですがなかなか執務室から出てきません。いつ「食べる」と言い出しても(⑥ 　　　　　　)なように、料理人はナポレオンが大好きな鶏の(⑦ 　　　　　　)料理を何度も作り直します。23回も作り直したという(⑧ 　　　　　　)も。

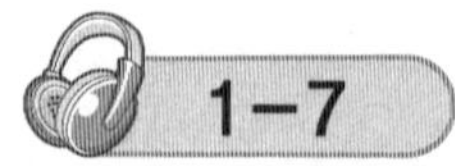

午後1時。ようやく昼食です。フランスだけにまずはワイン。ナポレオンがいつも(① ________________)させたのはブルゴーニュの(② ________________)ワイン…シャンベルタン (Chambertin)、芳醇な香りを楽しむのかと思いきや…え！？まさか…。水で割って(③ ________________)のみ！あ～なんてもったいない。しかもとてつもない(④ ________________)で…食事時間はわずか8分。(⑤ ________________)に食事を楽しむ国フランスなのに(⑥ ________________)はゼロ。コンスタンはこう回想しています。

コンスタン　「閣下は早食いで休むことなく仕事を続けるので、胃が痛くなって(①　　　　　　　)こともありました。そんな時は奥様の(②　　　　　　　)でお休みになったものです」

ナレーター　続いてはお抱えの画家の前で(③　　　　　　　)。しかし…自分の絵は国民への(④　　　　　　　)材料ぐらいにしか考えておらず…モデルはわずか15分で(⑤　　　　　　　)。芸術の国フランスなのにアート度はこの程度(20％)。

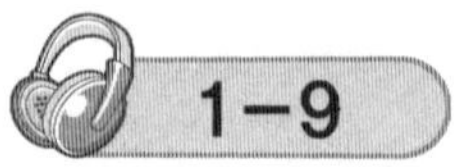

ナレーター　日が(①＿＿＿＿＿＿＿)までバリバリ仕事をこなし簡単な夕食を(②＿＿＿＿＿)と、ナポレオンが最も(③＿＿＿＿＿)にしている時間。それは…お風呂です。フランス人は一生に3回しかお風呂に入らなかったとさえ言われた時代。ナポレオンは1日2〜3回入ることもありました。でもバスタブの中でも仕事は(④＿＿＿＿＿)。書類に目を　(⑤＿＿＿＿＿)。

午後10時。仕事を終えようやくベットへ。妻が本を読んでくれるのを(⑥＿＿＿＿＿)代わりに眠りにつくのです。…と思えば。

午前1時。僅か3時間の(①＿＿＿＿＿＿＿)で目を覚まし再び
仕事を始めます。(②＿＿＿＿＿＿)にもかかわらず側近を
(③＿＿＿＿＿＿)眠たげな様子の者を見つけると…

ナポレオン　諸君！まだ2時だ。眠そうにしている場合で
　　　　　　　はない。我々は市民の(④＿＿＿＿＿＿)を使っ
　　　　　　　ているのだから。

ナレーター　「召し使いコンスタンの回想録」には(①＿＿＿＿
　　　　　　　＿＿＿＿＿＿)。

コンスタン　「閣下は夜中に仕事を始めると、(②＿＿＿＿＿
　　　　　　　＿＿＿＿＿＿)呼び出します。私たち召
　　　　　　　し使いは閣下が執務室から出てくるまで寝
　　　　　　　ることもできません。」

ナレーター　人生を楽しむ国フランスなのに仕事中毒。
　　　　　　　(③＿＿＿＿＿＿＿＿＿＿)。

1-12

午前5時。あれ？再び(①　　　　　　　　　　　　　　)ナポレオン。そして、朝7時。言いつけどおりにコンスタンが起こしに行くと…もう少し寝かせてくれ…と(②　　　　　　　　　)再び眠りに。実は(③　　　　　　　　　)しっかり6時間眠っていたナポレオン。「3時間睡眠」は…あくまで伝説だったようです。

岡田准一　　1日3時間しか寝ない超人のイメージでしたが、実は時間に追われ仕事に(④　　　　　　　　　　　　　)男だったというのが意外でした。まずはナポレオンの(⑤　　　　　　　　　)プロファイル。

1-13

岡田准一　よろしくお願いします。まずはですねナポレオンのイメージってどういう感じですか？

天野ひろゆき　やっぱり単純に本当に「寝ない」、あの「天才」。(①＿＿＿＿＿＿＿＿＿＿＿＿＿＿)天才だし、本当に(②＿＿＿＿＿＿＿＿＿＿＿)…伊達男みたいなイメージもあるし。

岡田准一　ありますね。

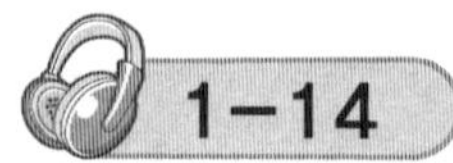

岸恵子 　私思うにはね、あのう、(① ＿＿＿＿＿＿＿＿＿＿＿)全部自分でやってたでしょ？あれが政治家だと思うんですよね。革命児じゃないですか。(② ＿＿＿＿＿＿＿＿)そのぐらい全部自分でやらないと。人任せにできない。

安達正勝 　あのね、あの、ナポレオンというのはさ、これ、あのう、日本人は(③ ＿＿＿＿＿＿＿＿＿＿＿)んだよね、どうしてもね。でも…

天野ひろゆき 　やっぱり写真のね…肖像のイメージあるから。

安達正勝 　軍人と…だけどあの人は軍人でもあるけどやっぱり政治家としての面って大きいよね。

天野ひろゆき 　一番近くで見てた人がこれ(① ＿＿＿＿＿＿＿＿＿＿＿)なんですか？暴露本みたいな事に(いや)なってるんですか？

安達正勝　あのね、(うん)この人が言うにはね、英雄だって召し使いにはね、いろいろ(①＿＿＿＿＿＿＿＿＿＿＿＿＿)見せるじゃない。だから普通召し使いにとっての英雄はないと言われてるけど、それにん意見には(②＿＿＿＿＿＿＿＿＿)。ナポレオンちゅうのは、近くから(③＿＿＿＿＿＿＿＿＿＿)もうすごい英雄だとそういうふうに言ってるんです。

天野ひろゆき　それ近くの人が見ててそうやって書けるってすごいですね。

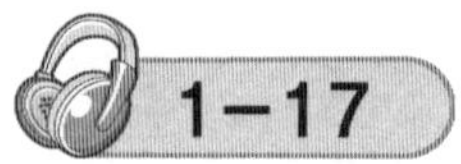

安達正勝	どこ、どんだけ近いかって言ったらさ、14年間、あのう、一緒にいたんですよね。その間ね、ナポレオンから離れたのはね(①________________________)。それがナポレオンが起きる前に起きなきゃいけない。ナポレオンが(②________________________)自分は寝る事ができない。
天野ひろゆき	そんだけ身近についた人がナポレオンを悪く書いてないわけ？
安達正勝	書いてないです。
天野ひろゆき	英雄だと。それはすごい。
岸恵子	この人魅力的ですもの。

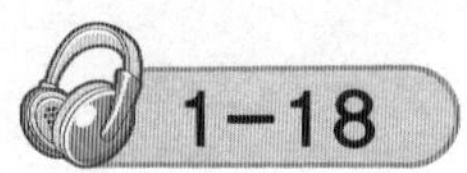

岡田准一　　ナポレオンのその「睡眠3時間」というのは…。

安達正勝　　ああ、あれはね、イメージが…つまり、あの、一緒に仕事してるでしょうが。したらね他の人はもう嫌になるのね。こんだけ長い間やったらもういいじゃないかと思うわけ。

天野ひろゆき　「(①　　　　　　　　　　　　　　　　)」というふうになってきて。

安達正勝　　ところが彼氏は(②　　　　　　　　　　　　　)疲れも見せずにバリバリバリバリやるんだよ、あれは。

天野ひろゆき　そうすると「いつ寝てるんだ」みたいな話になってくる。

安達正勝　　だからあの人はそういう人じゃないかと。

岡田准一　ちょっとでも迷惑な上司。

天野ひろゆき　迷惑ですよ。夜中1時に起きてたたき起こされてね。

岡田准一　5時に寝ちゃいますもんね。

岸恵子　でもね、私思うにはねナポレオンは「進め！」と言って(①＿＿＿＿＿＿＿＿＿＿＿＿＿＿)寝てたとかね、うまい寝方が…をしたんだと思うんです。

天野ひろゆき　ちょっとどこでも(②＿＿＿＿＿＿＿＿＿＿＿＿＿)だったりとかしたわけじゃないかと。

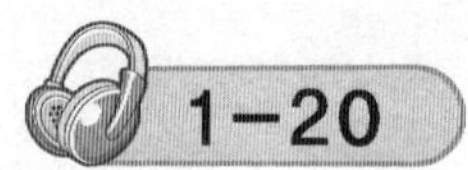

岡田准一	意外だったのが、ナポレオンが「あと1時間寝かせてくれ」というワガママを言う。
岸恵子	あれわがままかなあ？可愛いんじゃない。
天野ひろゆき	スッと起きそうなイメージあるけどねナポレオンって。
岡田准一	(①____)。また、この、この時間にって来たら、もうちょっと寝かせてくれという。
天野ひろゆき	ちょっとタレントみたいだよね。

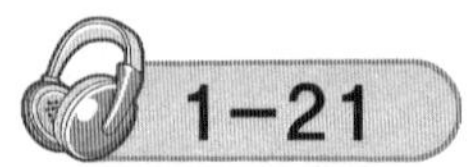

岡田准一　頼むから寝かせてくれっていう。(①

____

_______________________________)？

天野ひろゆき　グルメのイメージがあった。フランスってね、もうだって…。

岸恵子　ルイ16世も14世もすごいグルメだったでしょ。

天野ひろゆき　それなのにナポレオンはそんなあまり食べなかった？

安達正勝　グルメ度ゼロですね。

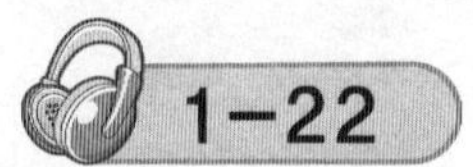

天野ひろゆき　ゼロなんですか。

安達正勝　ゼロだよ。そんな美味しいもの食いたいとかいう、そういう気持ちは全くないです。

岸恵子　(①＿＿＿＿＿＿＿＿＿＿＿＿＿＿＿＿＿＿＿＿＿＿＿) …

天野ひろゆき　志がそっちにいってるから(そっちにいってるから)飯どころの騒ぎじゃない。飯を食べるのも時間惜しんでみたいな。(②＿＿＿＿＿＿＿＿＿＿＿＿＿＿＿＿＿＿＿＿＿＿＿)。

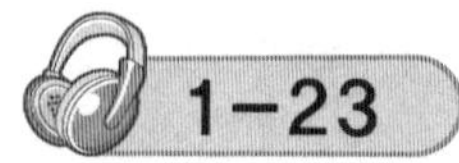

安達正勝　問題だらけ。だからね、面白いし、いいん
だよ、それは。

天野ひろゆき　ギャップでモテたのかな。

岸恵子　ギャップがいいんですよ、ナポレオンって。

岡田准一　(①＿＿＿＿＿＿＿＿＿＿＿＿＿＿＿
＿＿＿＿＿＿＿＿＿＿)？

安達正勝　それは近代の創始者で。世の中、ヨーロッ
パのさ、地図を塗り替えたじゃない。(②＿＿＿＿＿
＿＿＿＿＿＿＿＿＿＿＿＿＿＿＿＿＿＿＿＿
＿＿＿＿＿)、生まれによる身分制度とかい
うのをぶち壊していくわけ、どんどん。

岸恵子　すごい人ですよね。

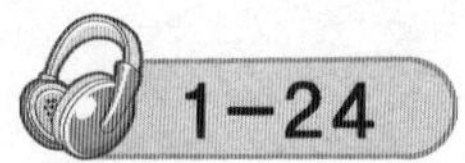

ナレーター　安達先生はナポレオンを「近代の創始者」というふうにおっしゃいました。(① ________________________)。

岡田准一　こちらですね。(はい)

天野ひろゆき　出た。

ナレーター　これはナポレオンが愛用したタイプの軍服ですね。まあ所謂軍服にナポレオンが求めた物は機能性合理性。

岡田准一　これはあれですね、遠征の時とかに(② ________________________)…。

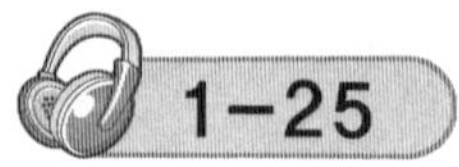

ナレーター	そう右合わせでも左合わせでも。
岡田准一	左合わせでも。こう、どの状態にも合わせられるという機能的を求めているんですよね。あと(① ......)。
ナレーター	ということですよね。まあ、(② ......)。あのう、日本の明治時代もこういう形のね、コートを着て日清・日露戦ったんですね。

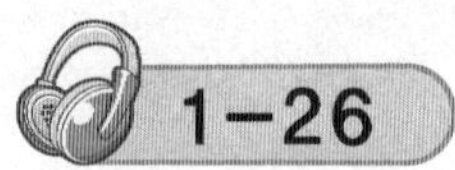

岡田准一　男の世界での影響力が尋常ではなかったナポレオン。(①＿＿＿＿＿＿＿＿＿＿＿＿＿＿＿＿＿＿＿＿＿＿＿＿＿＿＿)。

ナレーター　東京渋谷。(②＿＿＿＿＿＿＿＿＿＿＿＿＿＿＿＿＿＿＿＿＿＿＿＿＿＿＿)…。

女性1　ナポレオンコート。

女性2　ナポレオンですね。

ナレーター　若者たちに人気のショップを覗いてみると…ありました。

お店の人　(③＿＿＿＿＿＿＿＿＿＿＿＿＿＿＿＿＿＿＿＿＿＿＿＿＿＿＿＿＿＿＿＿＿＿＿＿＿)、花柄の生地を使ってファッション的にファッショナブルに作っております。

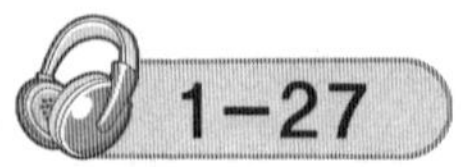

ナレーター　ハードな軍服にプリティーな花柄？(①

）。でも彼が残した物はそれだけではありません。ナポレオン法典。1804年に制定されました。身分や家族制度や財産について近代市民社会の原理を表現した法典と言われます。(②

）。日本をはじめ…その後の世界各地の民法に多大な影響を及ぼしました。

第2課

コンビニ

2-1

| 冨永愛 | さあえ～っとコンビニどれぐらい行く？ |

冨永愛　　さあえ～っとコンビニどれぐらい行く？

平愛梨　　(①　　　　　　　　　　　)行きます。

冨永愛　　毎日？

平愛梨　　毎日じゃないけど…(②　　　　　　)1回は絶

　　　　　対行ってますね。(そうなんだ)

冨永愛　　絶対(③　　　　　)？

平愛梨　　絶対行きます。

冨永愛　　優ちゃんは？

🎧 2-2

山田優　　私…わりかし、こう、(①＿＿＿＿＿＿)的な感じ。((②＿＿＿＿＿))「わっ、これがない。(③＿＿＿＿)」って行ったりとか。それこそ最近は稽古、(④＿＿＿＿)が6月から始まるので、今稽古中で稽古の前に(⑤＿＿＿＿)飲み物とか(⑥＿＿＿＿)　　稽古場に向かったりとか。

冨永愛　　トイレはよく使う！(トイレはよく使う)

山田優　　お家で入って！

冨永愛　　はい〜。

2-3

冨永愛	(①________________)　　はっつんさん30代、1人じゃないアピール。(②____________)ですね。
山田優	そうだね。
冨永愛	(③____________)に帰るときにコンビニに寄ると、「お腹も(④____________)だし、疲れて正常な(⑤____________)ができなくなっていて…」お弁当や(⑥____________)やお菓子とかついつい買いすぎてしまいます。夜は(⑦____________)さんが若い男性のことが多いので、「(⑧____________)の時に恥ずかしくなって…」お箸は2膳お願いします。

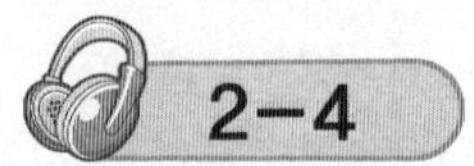

冨永愛　と、つい言ってしまうことがしゅっちゅうあり、後翌日の(①＿＿＿＿＿＿)に行くと、同じ店員さんがいることがあるので、その時は「(②＿＿＿＿＿)じゃありませんよ。ちゃんと帰ったんですよ。見てください。違う服ですよ」と心の中で(③＿＿＿＿＿)します。

冨永愛　そっか。でもなんか、こう、(④＿＿＿＿＿)ちゃうっていうのはあるかもね。

山田優　これも食べてみたい。それも食べてみたい。

冨永愛　あるかもね。

山田優　あるね。

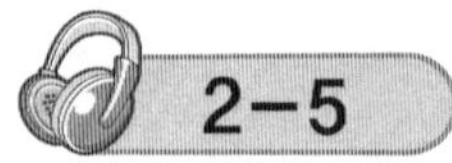

冨永愛	でも行く時は一人が多いでしょ？
平愛梨	私は (① ________________________)ことが多いですね。
冨永愛	家族！？
山田優	みんなで?
平愛梨	コンビニが大好きな父親で、(② ________________________)…「コンビニ行くぞー！」って。みんなでコンビニに行くっていうのが大好きな父なんですよ。
冨永愛	面白いね。なんか「みんなで外に(③ ________________________)」と同じ感じ？

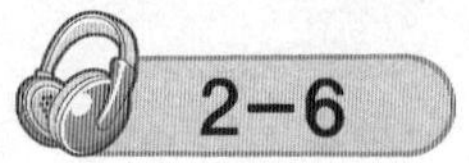

平愛梨　　うん。どっかで（①　　　　　　　　　　　　）デザートは頼まなくて、コンビニにみんなで寄ってそれぞれ食べたいものを…（②　　　　　　　　　　　　）、あのう、カゴ3つぐらい買って。

山田優　　そんなに？（食べ過ぎじゃない？）

冨永愛　　（食べ過ぎだよ。）

平愛梨　　デザートだけじゃなくて例えば（③　　　　　　　　　　　　）とかも全部買ってくれるんですよ。

山田優　　そういうことか。「今だ」っていうね。

冨永愛　　楽しそう。初めて聞いたね。そうなんだ。でも（④　　　　　　　　　　　　）？

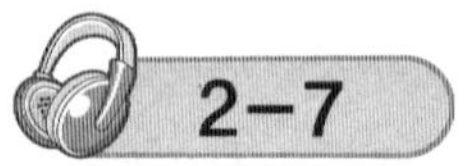

山田優	あの家族また来たよ、みたいな。
冨永愛	「平家族来た」みたいな。
平愛梨	もう(①)になってます。顔見知り？顔見知りになってます、店員さんと。
冨永愛	優ちゃんは一人で行くんでしょ？
山田優	そうだね、一人で行ったり…。弟がさ、(②)、(一番下の弟ね)一番下の弟が一緒に行ったら何かを買ってくれると思っているから、わりと(③)する事もあるよね。

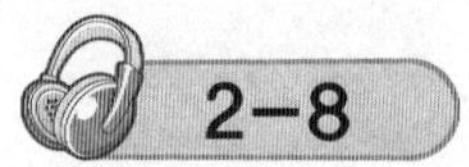

冨永愛	可愛い。
山田優	(① ＿＿＿＿＿＿＿＿＿＿＿＿＿＿＿)〜とか言って。
冨永愛	子供みたいだね。
山田優	しょうがないからいいよって。
冨永愛	私は(② ＿＿＿＿＿＿＿＿＿＿＿＿)行くと、カードゲームのカードが(③ ＿＿＿＿＿＿＿＿＿＿＿＿＿＿＿＿＿)売ってるわけ。それを絶対買ってくれると思ってるから同じような感じ。「コンビニ行く」って「カード？カード?」ってなるんだよね。(ああ、そうなんだよね)

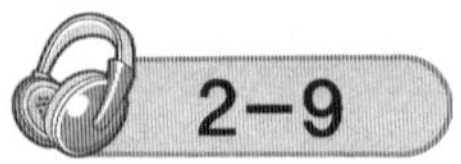

冨永愛　東京都ジョシュさん40代、コンビニは家の冷蔵庫です。1階にコンビニがあるマンションに住んでいます。おお〜。階段を下りるだけなので、ほぼ冷蔵庫みたいなもので、(①

　　　　　　　　　　　　　　　　　　　　　　　　)。

(あら、あら)「野菜や肉も揃うので、殆どの買い物をそのコンビニで済ませてます」。(②

　　　　　　　　　　　　　　　　　　　　　　　　)

(思います)。「自転車で買い物に出たり重い物を持って歩かなくなったので…(③

　　　　　　　　　　　　　　　　　　　　　　　　)」。

冨永愛	それはまずいな。
山田優	まずいですね。
平愛梨	その人の写真が見たい。
山田優	8年前と今と？
平愛梨	そう。
冨永愛	凄いね。でもそんな揃う？
平愛梨	お米も売ってますもんね。
冨永愛	売ってんの？(売ってんの？)
平愛梨	売ってますよね。
冨永愛	こんな知らない。

平愛梨　えっ…。でも本当に(売ってんの？)(①＿＿＿＿＿＿＿

＿＿＿＿＿＿＿＿＿＿＿＿＿＿＿＿＿＿＿＿＿＿＿＿＿＿

＿＿＿＿＿＿＿＿＿＿＿＿＿＿)。

山田優　売ってるね、最近ね。(②＿＿＿＿＿＿＿＿＿＿＿

＿＿＿＿＿＿＿＿＿＿＿＿＿＿＿＿＿＿＿＿＿)。

(確かに)結構いいの置いてんだなって思う時

がある。

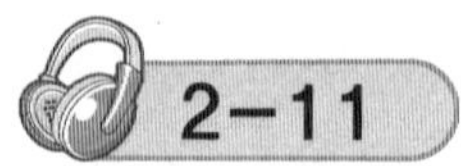

冨永愛	他に愛梨ちゃんとかは何買うの？
平愛梨	え～と、(① ________________________________)。「今日これ食べたい、あれ食べたい」っていうのあるじゃないですか…。もう、(② ________________________________)、なんかそれが(幸せ)嬉しいみたい。
冨永愛	よく太んないね。
平愛梨	いや、(③ ________________________________)。
冨永愛	2時間！？長っ！(長っ)
山田優	私絶対入れない。
冨永愛	ゾンビみたいになっちゃう。
山田優	シッシワになってね。
冨永愛	シッシワ、シッシワになって。2時間？(そうなんです)浸かりっぱなし？

2-12

平愛梨	(①
	____________)。
冨永愛	2時間だったら…。
山田優	毎日入るの？(だって。はい)
平愛梨	毎日。
冨永愛	相当時間取られるよね、(そうなんです)2時間って。
平愛梨	(②
	____________)。
	だから元気は元気です。
冨永愛	そうなんだ。きく？
平愛梨	聴いたり、歌ったり。
山田優	あっ、それ…こ、効果はあるのっていう効く…。
平愛梨	アハハハハハ！ごめんなさい。え、効く？
冨永愛	(伝わらなかった、私)。(体に)「音楽を聴いたり」って言ったんだよね。

MEMO

第3課

千利休

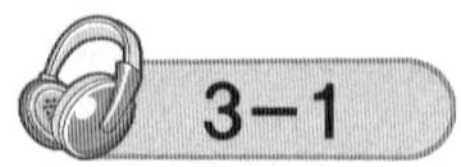

ナレーター　京都大徳寺聚光院。今年2月ある(① ________

________)の月命日に法要が(② ________________)。

この日全国から参列したのは300人(③ ________

________)。

千宗室　利休大居士が種をまかれました「侘び茶」

の、本当にそのものがこうやって(③ ________

________)大木となり、今日まで立派にと(④ ________

________) 参りました。

ナレーター　その人物とは茶聖と呼ばれる千利休。利休

といえば、侘び茶の(⑤ ________)で新たな

(⑥ ________)を追い求めた孤高の(⑦ ________

________)。そんなイメージが付きまといます。

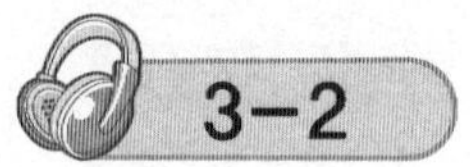

ナレーター　しかし利休はいくつもの顔を持っていました。(①＿＿＿＿＿＿＿)のは権謀術数(②＿＿＿＿＿＿＿)戦国の世。仕えたのは天下統一を(③＿＿＿＿＿＿＿)豊臣秀吉でした。利休は茶人という立場を使いながら秀吉の(④＿＿＿＿＿＿＿)に深く関わっていました。その(⑤＿＿＿＿＿＿＿)を示す言葉が残されています。「内々の儀は利休が(⑥＿＿＿＿＿＿＿)」。「内々の儀」。つまり政治の(⑦＿＿＿＿＿＿＿)を利休が取り仕切っていたというのです。

熊倉功夫　ある時は今から見るとフィクサー的な(⑧＿＿＿＿＿＿＿)を果たしているし、まあ、いろんな事やってますわね。イベントの(⑨＿＿＿＿＿＿＿)でもあるし。

ナレーター	秀吉の名を天下に（①⎯⎯⎯⎯⎯⎯）2つのビックイベント。天皇を前にした(②⎯⎯⎯⎯⎯⎯⎯⎯)絢爛な禁中(③⎯⎯⎯⎯⎯)。そして1500人が参加した…(④⎯⎯⎯⎯⎯)の大茶湯。
加来耕三	この(⑤⎯⎯⎯⎯⎯)は間違いなく私は利休だと思いますね。
石坂浩二	秀吉と利休と非常に(⑥⎯⎯⎯⎯⎯)関係に近い関係！？
ナレーター	天下人秀吉の(⑦⎯⎯⎯⎯⎯)の陰にはいつも利休の(⑧⎯⎯⎯⎯⎯)があったのです。しかし天下統一が成し遂げられた時、利休を待っていたのは(⑨⎯⎯⎯⎯⎯)でした。なぜ秀吉から(⑩⎯⎯⎯⎯⎯)を命じられたのか？(⑪⎯⎯⎯⎯⎯)の「BS歴史館」。秀吉と共に天下統一に邁進した千利休。茶人の枠に(⑫⎯⎯⎯⎯⎯)その真の姿に迫ります。

歴史とは現在と過去との対話である(E・H・カー)

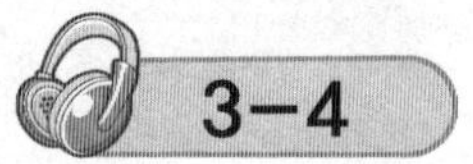

ナレーター　(①　　　　　　　　　　　　)秀吉と陰で支え

た利休。しかし悲劇の足音はすぐ近くまで

(②　　　　　　　　　　)。天正19年2月

28日、利休は秀吉の命により切腹をとげ、

この世を去るのです。天下統一が達成され

た頃から秀吉の茶の湯に対する(③

　　　　　　　)。誰もが平等を旨としてき

た茶の湯。ところが秀吉は茶の湯を権威づ

けし、(④　　　　　　　　　　)。

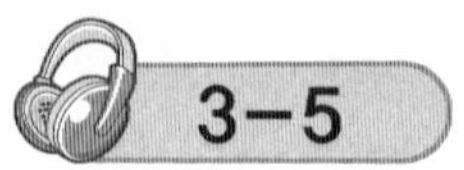

ナレーター　秀吉は…自分が(①___________

___________)しか習うことの出来ない秘伝を設け、教

えることが出来るのは自分と利休だけとし

ます。これに内心利休が(②___________

___________)を物語るエピソードが残っていま

す。利休はある大名へ秘伝の(③___________

___________)、一とおり点前を終えたあと

にこう漏らしたとされています。

千利休　秀吉様の前では申し上げられない一番の極

意があります。本来茶の湯の道に(④___________

___________)作法などありませ

ん。(⑤___________)で行うこ

とこそ極意なのです。

ナレーター　秀吉が茶の湯を変えようとしたのはなぜなのでしょうか？

小和田哲男　「天下がもう(①　　　　　　　　　　　　)」という形になった時に、そういう「平等思想」みたいなものは、ま、秀吉にとってはねちょっと(②　　　　　　　　　)んでしょうね。え、(③　　　　　　　　　)平等ということは誰が天下人になっても可笑しくないような、つまり何時(④　　　　　　　　　　　　　　　)分からないような、(⑤　　　　　　　　　　　)これからはちょっとまずいと。

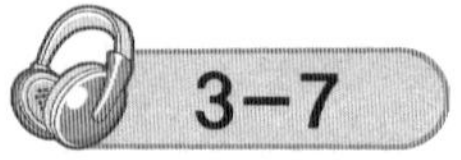

ナレーター　そして突然利休は二つの罪に問われます。(①

　　　　　　　　　　　　　　　　　)。1つ目は秀吉への…不敬罪。京都大徳寺山門、この二階部分に門を寄進した利休の木像が安置されていました。(②

　　　　　　　　　　　　　　　　　)、思い上がりも甚だしいというのです。しかし…問題とされたのは木像が置かれて二年も経ってからのことでした。

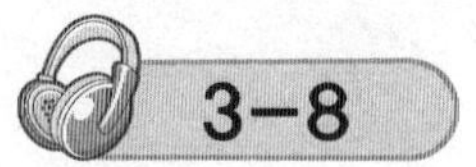

ナレーター　2つ目は…売僧の行為。(①

　　　　　　　　　　　　　　　　　)売りさばいているとい

うものでした。

筒井紘一　売僧というのはね、それは確かに利休さん

というのは聖人君主でもないんだから、

も、堺町人ですよ。(②

　　　　　　　　　　　　　　　　)、だけどそれはね、誰で

もやってる事であってさ。でぇ、それほど問

題に、まあ、なる訳でもない中で問題にぃ

するとしたら、売僧とだからそれと山門し

かなかったんと違います？

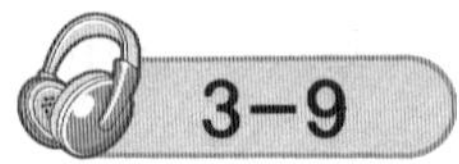

ナレーター　天正19年2月13日、利休は堺で蟄居させられます。利休を慕う大名の中には…(①

　　　　　　　　　　　　　　　　　　　　　　　　)。しかし利休は頑として謝罪しませんでした。ついに切腹が命じられます。2月28日、雷鳴轟く中、(②

　　　　　　　　　　　　　　　　　　　　　)。享年70。切腹は茶室で行われました。(③

　　　　　　　　　　　　　　　　　　　　　)。

第4課

送り人

大悟	ああ~今日も少なかったですね。
団員	ああ。
大悟	もっと(①＿＿＿＿＿＿)にも力入れた方がいいと思うんだけどな。そうだ。(②＿＿＿＿＿＿)のホームページ作りません？うちのかみさん(③＿＿＿＿＿＿)だから、ただでやらせますよ。どうっすか？どうっすかね？
団員	それよりさ…大悟君大丈夫？
大悟	何がですか？
団員	次だよ、次。
大悟	次って…？

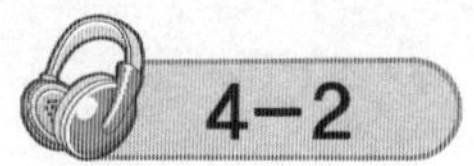

団員　　　(① ________________)いいやつ買ったんなら次、探しとかないと。

団長　　　え~皆さん(② ________________)もお疲れ様でした。

一同　　　お疲れ様でした。

団長　　　(③ ________)はやや寂しかったものの、(④ ________________)は素晴らしかったと思います。え~っと実はですね、今日はそのう…当楽団の(⑤ ________)である曾根崎さんから皆さんにお話があるという事ですので、ちょっとお聞き下さい。

曾根崎　　か…(⑥ ________________)。

団員　　　じゃあな。

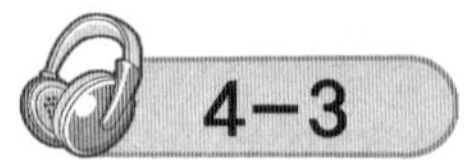

大悟	＜ようやくつかんだ(①＿＿＿＿＿＿)という(②＿＿＿＿＿)。それは一瞬にして過去の思い出となった。このチェロには何の罪もない。僕のような人間に買われたばかりに仕事を失ってしまったのだ。あらゆる(③＿＿＿＿＿)でこのチェロは僕には(④＿＿＿＿＿)…＞
美香	ありがとうございました。
美香	はい。(⑤＿＿＿＿＿)。
美香	ただいま！
大悟	お帰り。
美香	タコもらっちゃった。ちょうどそこでお隣さんに会って(⑥＿＿＿＿＿)釣ってきたんだって。どうしたの？
大悟	解散になった…。

4-4

美香	何が？
大悟	楽団。
美香	そう…また次探せばいいじゃない。
大悟	次なんてない。俺ぐらいの(①＿＿＿＿＿＿)じゃどうにも無理があるし…チェロの(②＿＿＿＿＿＿)も…。
美香	幾ら？大丈夫！100万ぐらいだったら、ウェブデザインの仕事で何とか(③＿＿＿＿＿＿)。
大悟	1800万。
美香	せ…1800万？
大悟	プロはみんなそのくらいの使ってるし、むしろ安いくらいなんだよ。
美香	どうして(④＿＿＿＿＿＿)の？
大悟	絶対(⑤＿＿＿＿＿＿)と思って…。
美香	そんな大事な事何で言ってくれなかったの？
大悟	ご免。
美香	御飯作るね。

大悟	＜世界中の町が僕たちの(① ⎯⎯⎯⎯⎯)だ。演奏旅行をしながら一緒に生きていこう。それが(② ⎯⎯⎯⎯⎯)の言葉だった。しかし(③ ⎯⎯⎯⎯⎯)は厳しかった。いやもっと早く自分の(④ ⎯⎯⎯⎯⎯)の限界に気付けばよかったのだ＞
美香	うわっ。
大悟	どうした？
美香	このタコ生きてる。
大悟	ホントだ、生きてる。
美香	ちょっと、ねえ、大ちゃん…どうしよう？

4-6

大悟	はあ…。もう釣られるなよ。あれ？…？やめようかな。
美香	何を？
大悟	チェロ。
美香	やめてどうするの？
大悟	(①＿＿＿＿＿＿＿＿＿＿＿＿＿＿)、山形の…。
美香	賛成！
大悟	えっ、いいの？
美香	だってお母さんが(②＿＿＿＿＿＿＿＿＿＿)お家だったら、(③＿＿＿＿＿＿＿＿＿)？
大悟	えっ、でも本当にいいの？
美香	うん。

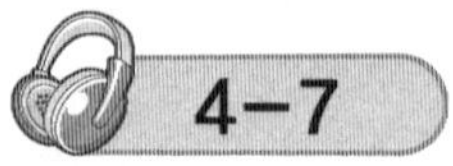

楽器屋	いい楽器ですね。
大悟	＜人生最大の(①　　　　　　　　　　　　)つもりだったが、チェロを(②　　　　　　　　　　)不思議と楽になった。(③　　　　　　　　　　)ものからス~っと解放された気がした。自分が夢だと信じていたものは多分夢ではなかったのだ＞
大悟	＜2年前に死んだ母がたった一つだけ残してくれた財産。最初は父が(④　　　　　　　　　　)、僕には殆どその記憶がない。父が愛人をつくって家を出たあと、母はここで(⑤　　　　　　　　　)、女手一つで僕を育て上げた＞

4-8

美香	御飯出来たよ。
大悟	は~い。(①＿＿＿＿＿＿＿＿＿＿＿＿)もっと嫌がるかと思ってた。
美香	ううん、結構新鮮。何かお水が違うせいか御飯も(②＿＿＿＿＿＿＿＿＿＿)。
美香	う~ん私お店とかやってみようかな?
大悟	え~何の？これだ！
美香	ん？
大悟	これ、これ。「(③＿＿＿＿＿＿＿＿＿＿)」…しかも「実質労働時間僅か」。正社員で！
美香	NKエージェント？何の会社？
大悟	「(④＿＿＿＿＿＿＿＿＿＿)お仕事です」旅行代理店かな？
美香	あ~添乗員とか？
大悟	「(⑤＿＿＿＿＿＿＿＿＿＿)」って書いてあるから、とりあえず話だけ聞いてくるよ。
美香	うん。

4-9

大悟	これだ。…よし。ごめんください。こちら NKエージェントさんですか？
上村	はい。
大悟	(① ________________________________)。
上村	あ~面接の人。社長すぐ戻るからここ座ってて。
大悟	はい。失礼します。
上村	(② ________________________________ ________________)。
大悟	はあ。
上村	(③ ________________________________)。
大悟	あの~こちら何の会社なんですか？
上村	あれ？あなた何も知らんで来たの？
大悟	「旅のお手伝いをする」って。あっ、ち…違うんですか？

4-10

上村	あ、社長！面接の人。
大悟	初めまして。午前中にお電話した小林です。
社長	（①______________________________）。
大悟	あ、ありがとうございます。
社長	ほら出してよかっただろ。お茶入れて。
上村	はい。
大悟	（②______________________________）。
社長	はい、はい。どうぞ。
大悟	失礼します。
社長	（③______________________________）？
大悟	え？ええ、まあ。
社長	採用！
大悟	へ？
社長	あ、名前何だっけ？
大悟	あ…小林大悟です。

社長　　　　　(④ ....)。

上村　　　　　は~い。

4-11

大悟	ちょ、ちょっと待って下さい。まだ何も…。きゅ、給料とかもろもろ…。
社長	(① ____________________)？
大悟	片手？5万円ですか？
社長	50。
大悟	50万？
社長	少ない？
大悟	いえ、いえ。そ…そんなに頂けるんですか？
社長	(② ____________________)。
大悟	いや、あの、ど…どんな仕事をすれば？
社長	そうだな…まずは僕のアシスタントだな。
大悟	あの、具体的には？
社長	具体的？納棺。
大悟	納棺？
社長	遺体を棺に納める仕事。咲いたな～。
大悟	遺体って死んだ人の事ですか？
社長	君面白い質問するね。

大悟	あ~いや、あ…え…いや、あの…。その…募集広告には「旅のお手伝いをする」って書いてあったので、僕はてっきり旅行代理店かなと。
社長	ああ、これ誤植だ。
大悟	誤植？
社長	「(①______________________)」。
大悟	「旅立ち」？
社長	だからNKは 納棺のNK。
大悟	あ~はあ。
社長	(②______________________)。
大悟	いや~。
社長	これ今日の分。

大悟　　　いえ、いえ、そんな…。

社長　　　大丈夫、大丈夫。

大悟　　　いえ、いえ、そんな…。あ…。

大悟　　　ただいま。

MEMO

第5課

解約手続き

5-1

猿	よ~し、これでいいや。桃太郎さん、何とか(①＿＿＿＿＿＿＿)までに舟完成しましたね。
桃太郎	間に合ったね。いやいや本当にみんなのお陰だよ、これ。
猿	いやいやいやいや…。
桃太郎	有り難う。僕はね、あのう、お猿さんがまさかこんな日曜(②＿＿＿＿＿＿)得意だなんて思ってもなかったんで。
猿	そらもう桃さんの(③＿＿＿＿＿)完璧でしたから。(働くね、働くね)(はい)(④＿＿＿＿＿＿)よくいけましたよ。(お陰さんでね)
犬	はい、お疲れ様でした~。
桃太郎	あららお犬さんどうも有り難うございます、何時も何時も。
猿	本当(⑤＿＿＿＿＿)の天才なんだから。
犬	滅相もございません。
桃太郎	気が(⑥＿＿＿＿＿＿)ね。

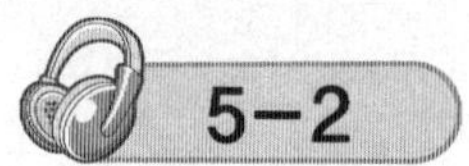

雉	もしもし？うん。え~今から？無理だろう、お前そりゃ急に。うん。まあ行けるかあ。まあね。うん。今？はい、はい、はい。いつもの？4階ね。はい、はい。はい、はい。すみません、ちょっと今(①＿＿＿＿＿＿)で。(②＿＿＿＿＿＿)入っちゃったんですが、ちょっと行っていいっすか？
桃太郎	まだ、ねえ、ちょっと最後(③＿＿＿＿＿＿)を…。
雉	ピンチなんです、今。行かないと(④＿＿＿＿＿＿)感じになってます、今。
桃太郎	あ、そう。まあ、まあ、まあ、まあ、それならね、しょうがないかな？
雉	じゃあ。
猿	雉、あのう、次の(⑤＿＿＿＿＿＿)明後日ですよ。

雉	次、はい、明後日。はい、メールして。
猿	(⑥ ________________)しないで下さいよ。
雉	はい、メールして。お疲れっした~！
犬	お疲れ様。
猿	お疲れ~。
雉	もしもし？うん。

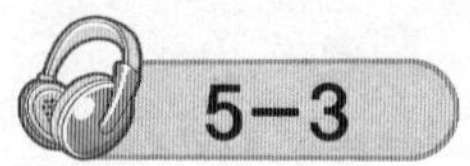

桃太郎	何なの？あれ。可笑しいよね？
2人	可笑しいですね。
桃太郎	2人こんな一生懸命やってくれてるのに、あれ可笑しいじゃない、(①＿＿＿＿＿＿＿)さ。
猿	桃太郎さんってあの雉を(②＿＿＿＿)に(③＿＿＿＿＿＿＿)行くつもりですか？
桃太郎	いや迷ってる。(④＿＿＿＿＿)迷うでしょ、あれ。
猿	いやこんなん言うのもあれなんですけど、いっそのこと解約したっていいんじゃないですかね？
桃太郎	解約？
猿	ええ、解約です、はい。
桃太郎	解約？できんの？そんなの。
猿	できます、できます。(⑤＿＿＿＿＿)ダイヤルに電話したら解約すぐ出来ます。

5-4

桃太郎	そんなのあんの？
猿	あります、あります。
桃太郎	あっ、そう、でもね、言っても(①＿＿＿＿＿＿＿＿＿＿)ここまで一緒に旅して来た訳だしね。
猿	いや桃太郎さん！ここは(②＿＿＿＿＿＿＿＿＿)に行きましょうよ！
桃太郎	え？
猿	(③＿＿＿＿＿＿＿＿＿)が約束されていない今の時代、これ当然の(④＿＿＿＿＿＿)だと思います。
桃太郎	急に雰囲気変わったね。(はい)すごいよ。
犬	僕らお供はその厳しさと(⑤＿＿＿＿＿＿＿＿＿)で常にやってますから。
桃太郎	そんな(⑥＿＿＿＿＿＿)してくれてたの？
猿	いや、そうです、そうですよ。
桃太郎	そうなの？
犬	はい、そうですよ。

猿	(①＿＿＿＿＿＿)なんですけども、こちらが、これ番号になりますね。
桃太郎	いや、ほんと、そうねぇセンターがあるの？
猿	これあります、あります。
桃太郎	「お供探しセンター」…。ちょっと(②＿＿＿＿＿＿)だけ(③＿＿＿＿＿＿)。
猿	はい。これ電話して頂いて…。
桃太郎	はい、OKです。
桃太郎	ちょっとまあかけてみるわ。ご免。有り難う。
犬	じゃあ僕らも(④＿＿＿＿＿＿)帰ります。
桃太郎	うん、ご免ね。
2人	いえ、とんでも、とんでもないです。
桃太郎	いや、本当は4人で行きたかった~な鬼ヶ島もな…。
犬	そうですよね。ありがっしゃ。
桃太郎	じゃあ、また(⑤＿＿＿＿＿＿)。(ありがっしゃ)
犬	お願いします。

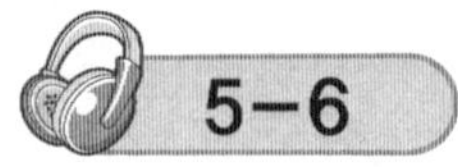

桃太郎　まあしょうがないな、これ。「(①＿＿＿＿＿＿＿＿＿＿＿＿＿＿＿＿)」ってやつだ、これ。「お供探しダイヤル」と…。よいしょ。

桃太郎　ん？(②＿＿＿＿＿＿＿＿＿＿＿＿＿＿＿＿)？これ。あっ、もしもし…

ナレーター　「この度はお供探しダイヤルをご利用頂き誠に有り難うございます」。

桃太郎　あっ、すみません…。

ナレーター　「お客様のご利用される(③＿＿＿＿＿＿＿＿＿＿)番号(④＿＿＿＿＿＿＿＿＿＿＿＿)」。

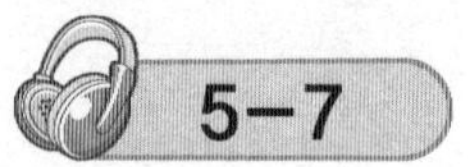

桃太郎	えっ音声案内？これ、まさかの。
ナレーター	「(① ＿＿＿＿＿＿＿＿＿＿＿＿)ご利用(音声案内面倒臭いな)される方は1を、既にご利用された事のある方は2を」。
桃太郎	ない、ない、ない。じゃあ1ですね。はい1と。
ナレーター	「番号が違います。もう一度最初から(② ＿＿＿＿＿＿＿＿＿＿)」。
桃太郎	えっ何で？何で?何で？いやいや1押したじゃんか今。おい、おい、おい、どういう事？え？これ何？(③ ＿＿＿＿＿＿＿＿＿＿)いけないのかな?面倒くせえな~これ。よし、ちょっと早くしてもう。

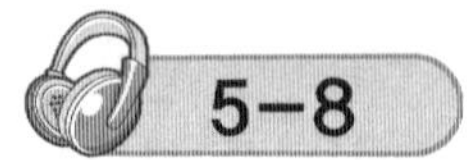

桃太郎	これ(①)のかよ。長いな…。
ナレーター	「この度はお供探しダイヤルをご利用頂き誠に有り難うございます」。
桃太郎	うん、もうそこ(②)。
ナレーター	「お客様のご利用されるサービスに合わせて番号ボタンを押して下さい」。
桃太郎	はい、はい、はい。
ナレーター	「当ダイヤルを初めてご利用される方は1を」。
桃太郎	うん1なんだよね。俺。1なんだけどな。
ナレーター	「既にご利用された事のある方は2を」。
桃太郎	声いいな〜。
ナレーター	シャープボタンのあとに押して下さい。
桃太郎	あっシャープ押すの?まず。いやそれ(③)よ、それ。それ最

後に言わないで、えっとシャープの…はい。

これでいいのかな？

ナレーター 「ご利用されるサービスを(① ______)。なおこの(② ______)はサービス(③ ______)にさせて頂くため全て(④ ______)」。

桃太郎 やだなそれも！っていうか別に俺喋ってないんだけどね。殆どボタン押してるだけだから。

ナレーター 「お供をお探しの方は1を」。

桃太郎 違う。違う。

ナレーター 「お供のリストを聞きたい方は2を。(違うね) お供と(⑤ ______)方は3を」。

桃太郎 そんなサービスあるの？お供と直接？

ナレーター 「お供を解約されたい方は4を押してくだ…」

桃太郎 4！

ナレーター 「4のお供の解約ですね」。

桃太郎 そうですよ。

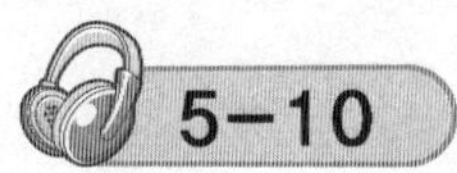

ナレーター	「それでは解約したいお供をお選び下さい。犬は1を」。
桃太郎	癖あるな。この音声癖あるな。
ナレーター	「猿は2を」。
桃太郎	さ…猿?はい？
ナレーター	「あの雉は3を」。
桃太郎	「あの」っつったね、今。これほんま音声？音声案内だよな?これ。
ナレーター	「全ての方は4を押して下さい」。
桃太郎	はい、はい、はい。えっと…雉は3！
(ナレーター)	「(①　　　　　　　　　　　　　　　　　　　　　　)?」
桃太郎	「ん」って入れるなよ。「ん雉」。はい、はい、いいですよ。え何？質問されてるの？これ。どうすりゃいいの？
ナレーター	「雉を解約でよろしければ1を。(②　　　　　　　　　　　　　　　　　　　)。やっぱり犬を解約される方は3を押して下さい」。

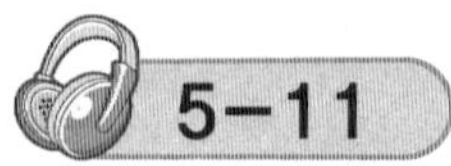

桃太郎　　　(①

　　　　　　　　　　　　　　　　　)、これ。えっと…1でいいんで

すよね。

ナレーター　「雉を選ばれた方。解約の理由をお選び下

さい」。

桃太郎　　　理由とかも聞かれるの？いちいち。

ナレーター　「(②

　　　　　　　　　　　　　　　　)。(そうじゃなくてさ)(③

　　　　　　　　　　　　　　　　　　　　　　　　　　　

　　　　　　)」。

桃太郎　　　(④

　　　　　　　　　　　　　　　　)、俺は。

ナレーター　「態度が悪いの方は3を」。

桃太郎　　　それだよ、それ。最初に入れてくれよ、そ

れ。3。

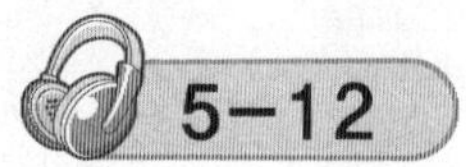

ナレーター	「(①　　　　　　　　　　　　　 　　　　　　　　　　　　　　)」。
桃太郎	はい、はい。
桃太郎	何だ、これ。結構長いな、もう。まあ、でもちょっとね。ようやくこれで解約できる訳ですからね。(②　　　　　　　　　 　　　　　)?
ナレーター	「この度は(はい、はい)お供探しダイヤルをご利用頂き誠に有り難うございます。(③　　　　　　 　　　　　　　　　)」。
桃太郎	(④　　　　　　　　　　　　　　)! ここ。ねえ？ちょ待って待って待ってどういう事？今いる？日本に俺以外にお供そんな探してるやついる？桃太郎ぐらいでしょ？お供って。

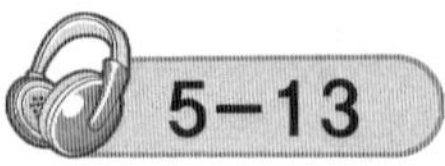

ナレーター	「(①＿＿＿＿＿＿＿＿＿＿＿＿＿＿＿＿＿＿＿＿＿＿＿＿＿＿）。(早くしてよ、もう)(②＿＿＿）」。
桃太郎	知らない、知らない、そんなの、もう！最初に…どこにあるの？それ。え？き、いや知らねえよ、そんなの。分かんねえぞ、俺。もういいや。
ナレーター	「(③＿＿＿＿＿＿＿＿＿＿＿＿＿＿＿＿＿＿＿＿＿＿＿＿＿＿＿＿＿＿＿＿＿＿＿＿＿＿＿）」。

桃太郎	いや、いや、いい、いい。分かった。分かった。ちょちょちょっと適当に何か入れるから。適当にね。うん。
桃太郎	(①＿＿＿＿＿＿＿＿＿＿＿＿＿＿＿＿＿＿＿＿＿＿＿＿＿＿＿＿＿＿＿＿＿)！これ、これ、どうしよう…。え~っとじゃあ、もういいや。頼む！365！どうだろう？
ナレーター	「(②＿＿＿＿＿＿＿＿＿＿＿＿＿＿＿＿＿＿＿＿＿＿＿＿＿＿＿＿＿＿＿＿＿)」。
桃太郎	ちょっと待って待って。おお。
桃太郎	いや解約させろよ、おい！

MEMO

第6課

婚活

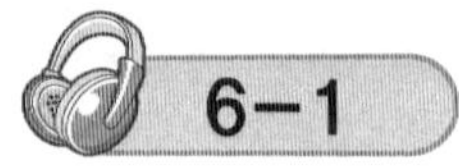

(司会者　(①　　　　　　)「婚活・出会い」についての掟を(②　　　　　　)して下さるのはどなたでしょうか？

つんく　はい。

司会者　つんく♂さん、よろしくお願いします。

つんく　私が気になっている掟は…「(③　　　　　　)相手を(④　　　　　)時は、横から(⑤　　　　　　)べし」です。

司会者　ほぉ、つんく♂さんの掟は一体どんな事なんでしょうか？こちらご覧下さい。

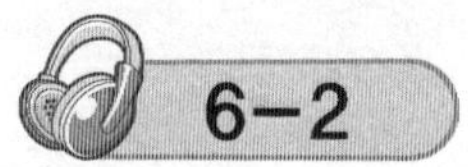

ヒロシ	オーケー。グラスもオーケー。飲み物も冷やしてあるし…。ああ~！今日はよろしくな。(①　　　　　　)のレイコちゃんと仲良くなる(②　　　　　　)のチャンスだからさ。
ケンジ	おお。任せとけ。でもどうやって座ろうか？
ヒロシ	ああ…。レイコちゃんにはここに座ってもらって隣は(③　　　　　　)しちゃうからさ、俺レイコちゃんの(④　　　　　　)でいいや。
ケンジ	でも女の子口説く時は絶対隣の方に座った方がいいって。
ヒロシ	嘘！そんなの嘘、嘘！ただの(⑤　　　　　　)だよ。

6-3

| ケンジ | 来た。 |

ケンジ　来た。

レイコ　ほっぺ赤くなってきた。

ケンジ　赤くなってる？やっぱり？どの辺、どの辺？

レイコ　この辺。

ケンジ　なってる？

レイコ　うん。アハハッ。

ヒロシ　そうだ、ケンジ。あの、(①＿＿＿＿＿＿＿＿)？

ケンジ　ああ。おお~どうした、どうした？

ヒロシ　ちょっと！お前がレイコちゃんと仲良くなって(②＿＿＿＿＿＿)！

ケンジ　だから言ったじゃん。隣に座るべきだって。

ヒロシ　(③＿＿＿＿)そうかな…。

ケンジ　そうだよ。こんなチャンス(④＿＿＿＿)ないぞ。だから…ここはレイコちゃんの隣に座ってみるべきだって。

ヒロシ　うん。

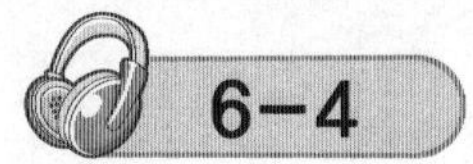

ヒロシ	すごく綺麗だったぞ、これ。
レイコ	へぇ~！ヒロシ君(①＿＿＿＿＿＿＿)！
ヒロシ	そうかな？アハハ。
レイコ	うん。ねぇ今度そこ(②＿＿＿＿＿)ってよ。超面白そうだもん。
ヒロシ	本当？
レイコ	うん。
心の声	(③＿＿＿＿＿)でこんなに(④＿＿＿＿＿)とは…。ケンジサンキュー！
ナレーター	「狙った相手を口説く時は横から攻めるべし」は本当？

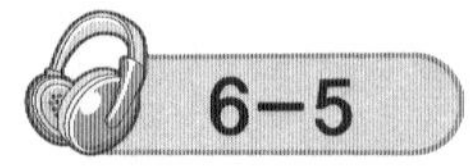

司会者　つんく♂さんの掟は「狙った相手を口説く時は横から攻めるべし」という事ですけども、もう、ね、(①　　　　　　　)今VTRでも。

つんく　やっぱりいろんなお話をしたい時にね、例えばうちの女房とご飯食べに行っても(②　　　　　　　)には、こぉ、店の人に(③　　　　　　　)と。どう座るか(④　　　　　　)んですよ。(対面＜トイメン、トイメン＞が普通じゃない？)でも、うちら(⑤　　　　　)横に座るんですよ。(へえ)(⑥　　　　　　　)という意味かもしれないんですけど。

佐藤綾子　のろけてるのね。

つんく　でも何か横の方が(①　　　　　　　　)しやすいかな。ちょっと料理シェアしたりもしやすいし。(②　　　　　　　)バーとかって(③　　　　　　　　)多いじゃないですか。(確かに)あれやっぱり男女が出会うためにある、カウン、(④　　　　　　)だと思うんですよ。そこをあえて(⑤　　　　　　)にしていないというのは何か、こぉ、意味があるんじゃないかなってちょっと思ったとこから、このね。

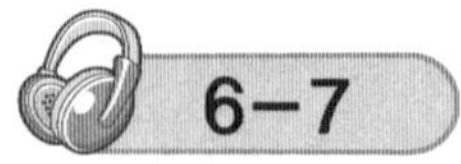

6-7

司会者　なるほど。さあ、このつんく♂さんの掟は本当なんでしょうか？(①＿＿＿＿＿＿＿＿＿＿)先生は…(②＿＿＿＿＿＿＿＿＿＿)佐藤綾子先生です。よろしくお願いします。

佐藤綾子　よろしくお願いします。

司会者　(③＿＿＿＿＿＿＿＿＿＿)詳しい佐藤宏道先生よろしくお願いします。

佐藤宏道　よろしくお願いします。

司会者　お二方でねこれをね(④＿＿＿＿＿＿＿＿＿＿)、この掟は本当なんでしょうか？

佐藤綾子　この掟は…

2人　はい、あります。あります。(おお～、ええ～)

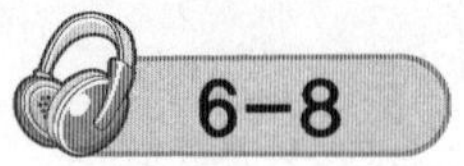

司会者	やっぱ横がいいって事なんですけどもね、ええ、まずは、じゃ、佐藤綾子先生心理学の(はい、はい)面から。
佐藤綾子	バシッと(①　　　　　　　　　　　　)なんていう時は正面がいいんですね。それで(②　　　　　　　　　　　　　　　　)なっていう時は、横あるいは(③　　　　　　　　　　　)の隣が(なるほど)いいんですね。
佐藤綾子	これですね。
司会者	「パーソナル・スペース」こういう、どういう事でしょうか？パーソナル・スペースって。

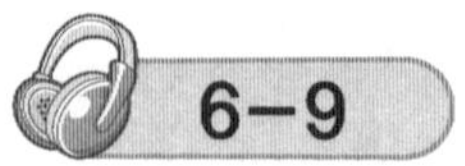

佐藤綾子 ええ、ええとですね。一人一人これが(①

)があるんですね。

その中にガッと入られて、しかも正面で

よっこらせってやられると、もうね、あの、

ごめんなさいって(あ、いやだ、いやだ、い

やだ)なっちゃうんですけども。パーソナ

ル・スペースはね、(②

)っていうのが(③

)なんですけど。

司会者 これ横がちょっとね細い(そう)ですもんね。

佐藤綾子 (④　　　　　　　　　　　　)来られた時と横

の方に来られた時、横の方が狭くてもオッ

ケーなんですよ。

光浦 はい、怖くないかも。

佐藤綾子 怖くない。怖くないから来ていいのね。

光浦　　確かにね、デート行った時ね…。

つんく　うん、えっデート行ったんですか？

光浦　　行ってるよ。だから今ね、婚活すごいやってんの。私ね、デート止まりだったらね、ほんと(①　　　　　　　　　　　　)も行ってるよ。

つんく　ええ~そうなんや。すばらしい。

光浦　　でも、ま、でも行くと向かい合わせで座ったら緊張して(②　　　　　　　　　　)もうこんなに苦痛なんだって。

つんく　ああ、対面がね。

光浦　　なんか緊張しちゃって横に座ってる方が顔も見られないから(③　　　　　　　　　　)逆に…。

つんく　いいかも。安心するんですかね。(④　　　　　　　　　　)。

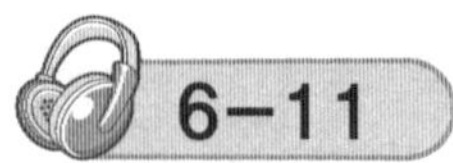

ナレーター　パーソナル・スペースとは(①

　　　　　　)と、不快と感じる領域の事。

45cm以内は(②)許さ

れるスペース。親しい友人に許されるのが

70cm程度のスペース。(③

)110cm程度の(④

)必要があるなど、その領域は(⑤

)により違ってきます。

佐藤綾子　しかもね、この距離は男女で違いますよ。

光浦　　　え~！？

佐藤綾子　女性の方が10cm距離が大きいです。だから

男性が(⑥)

のはこの10cmなのね。近寄りすぎちゃ

う…。

司会者	なんで、(①＿＿＿＿＿＿＿＿＿＿)？
光浦	叔父さんとかが(はい、そう)「近い！」ってい う時あんのよ。「一歩近いって！何でこれ感 じないのかな？」ってよく思ってたんです よ。(そう、そうでしょう)確かに(そう)男の 人だからだ。一歩男の人(間隔で)近いから 「近！」って思うんだ。
佐藤綾子	すごい良いとこ言ってます。あの、これね。
司会者	男は分かんないんだ。
佐藤綾子	とにかく113cmぐらいから(②＿＿＿＿＿ ＿＿＿＿＿)。
司会者	そしてやっぱり横がいいという事ですよね。 (横がいい)横が狙い目だと。
光浦	(③＿＿＿＿＿＿＿＿＿＿)。
つんく	横デート。横デート。

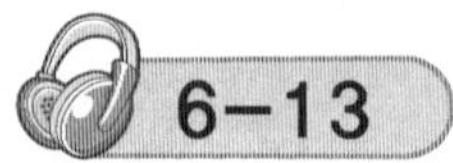

司会者	横デート。脳科学の佐藤宏道先生もこの掟マルですから、ちょっと聞いてみましょう。
つんく	そうですね。
佐藤宏道	脳科学的にもやっぱり横に座るというのがお勧めです。ただ、あのう、(①________________________)。
司会者	何でしょうか？(はい)
佐藤宏道	皆さんこの2つの(はい、はい)顔を見て下さい。
司会者	顔？(顔？)
佐藤宏道	線画で作った顔(なんだ、こりゃ)なんですが、(②________________________)？

6-14

司会者	光浦さんどうでしょう？
光浦	上。
司会者	上が笑ってる見える。つんく♂さんは？
つんく	上が笑って見えます。
司会者	上が笑って見える？
佐藤宏道	やっぱりそうですね。あのう、(① ___________ ________________)。
司会者	ただ、でも反転しただけだから(左右が)本当は同じ。ね？
佐藤宏道	絵のつくりが逆になってるだけなんですね。これ実際には(② ___________ ________________)の非対称性です。(③ ___________ ________________)。これを「シュードネグレクト効果」というふうに(はい)呼んでいます。

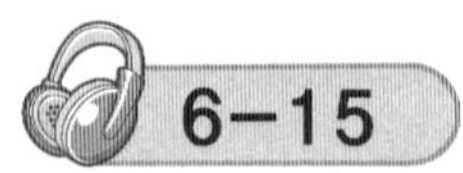

司会者	シュードネグレクト効果？(はい)
佐藤宏道	ちょっと詳しく言いますと、左視野の情報は右脳で処理します。(うん。はい)それに対して視野の右半分ですね、右視野の情報は左の脳、(はい)左脳で処理します。(① __________________________________)。(優勢なの？)この場合には上の絵の方が、あのう、ほほ笑んでいるように見える(ええ～)というふうに知覚されます。
司会者	(② ______________________)(そう、そういうことですね)っていう事ですね、人間には。(③ ______________________)？

佐藤宏道	はい、え～と、光浦さんは先程のこの絵ですね。
司会者	上を選びましたね。
佐藤宏道	上の、あの、(① ________________)。という事はさっきお話ししたとおり左視野を右脳で処理する働きが優勢だという事です。(はい)やはり、あの、光、光浦さんの左側に座って頂くと。
司会者	と(おお～)光浦さんは意識をしやすい。
佐藤宏道	はい、そうです。
光浦	(② ________________)?

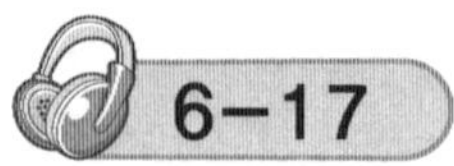

司会者	(① _______ _______)、向こうがどっちを意識しやすいか調べた方が良いってことですよね。
佐藤宏道	常にこれを持って歩いて頂いて相手にいちいちこれを(② _______ _______)。
光浦	先生そんな大きなパネルで？
司会者	分かりました。光浦さん。ちっちゃいのご用意しております。ちっちゃいのご用意しております。(③ _______ _______)。

つんく	これを写メ撮っとけば、ええねん。
司会者	このまま持ってもらっていいですよ。
光浦	マジで？助かります！
司会者	(①　　　　　　　　　　　　　　　　　　　 　　　　　　　　　　)。
つんく	僕も上だったから…。
光浦	ちょっと、ちょっとどっちが笑ってると思う？
つんく	上！
光浦	…と言われたあと、どう言おう？
つんく	じゃあ、「席こっちがいい。(じゃ、こっちに座って、はい)あなたにとってこっちが幸運よ」とか言えば。(へえ)
司会者	さりげなくどっかでやればいいですよね。
光浦	さりげなくだよね。(はい)うわぁ凄い。
司会者	(②　　　　　　　　　　　　　　　　　　　 　　　　　　　　　　)。

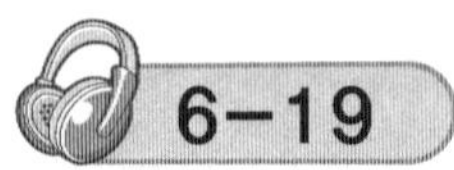

ナレーター	(①　　　　　　　　　　　　　　　　　　　　　 　　　　　　　　　　　　　)、左視野を優先している人なので相手の左側に座りましょう。下の絵を選んだら、右視野を優先する人なので相手の右側に座りましょう。ポジショニングカードで、(②　　　　　　　　　　　　　　)！
司会者	という事でねつんく♂さんの掟「狙った相手を口説く時は横から攻めるべし」は、(③　　　　　　　 　　　)！

第7課

いつかどこかで出会った2人

7-1

ナレーター	人生とは『出会い』である。人間は何百何千という出会いを(① ____________)人生を(② ____________)いく。しかし人はその出会いのすべてを憶えているとは(③ ____________)。
理恵	「！」
立花	「(④ ____________)！」
立花	「大丈夫？」
理恵	「ごめんなさい」
立花	「あ！」
理恵	「あ！」
立花・理恵	「どこかで会ってません！？」
ナレーター	確かにどこかで会っている。しかし…この2人は(⑤ ____________)いつどこで出会ったのだろうか…

理恵	「私おっちょこちょいだから…すみません」
立花	「花屋さんなの？」
理恵	「ハイ、この近くの『花のミヤザキ』っていう店で(①＿＿＿＿＿＿)をしてます」
立花	「僕はこの(②＿＿＿＿＿＿)に来たのは(③＿＿＿＿＿＿)だし、それに花屋さんには行った事はない。でも、君を知っている事は確かなんだ」
理恵	「そうですよね！どこかで会ったことありますよね！でも…それが思い出せなくて…あ！いけない！私、(④＿＿＿＿＿＿)の途中なんです。(⑤＿＿＿＿＿＿)ので、これで！本当に有り難うございました！」

7-3

ナレーター　この男の名前は立花信也25歳。この歳にして会社の社長つまり青年(①＿＿＿＿＿)である。(②＿＿＿＿＿)に作ってコンピュータソフトウェアの会社が時代の(③＿＿＿＿＿)に乗り(④＿＿＿＿＿)を遂げた。

立花　　　(あの女性とは確かにどこかで会っている)「(⑤＿＿＿＿＿)車を出して」

ナレーター　一方の女性、佐藤理恵もあの出会いの事を(毎度ありがとうございます)気にしていた…

理恵　　　「誰だっけ…」

立花　　　「どこかで会ってません？」

理恵　　　「うん会ってる…(⑥＿＿＿＿＿)わ。でも…」

立花	「この赤い(①＿＿＿＿＿＿＿)は幾らですか？」
理恵	「あ、はい！」「あ！」
立花	「どうしても気になったので、ここまで(②＿＿＿＿＿＿＿)来ちゃいました」
ナレーター	いつかどこかで会っている。しかしそれが思い出せない。そしてそれをはっきりさせなければ気が(③＿＿＿＿＿＿＿)。2人の想いは同じだった。
立花	「謎を一つずつ(④＿＿＿＿＿＿＿)していきたいんだ。じゃあ、まず、お名前は？」
理恵	「佐藤…理恵です」
立花	「佐藤理恵さん…う~ん(⑤＿＿＿＿＿＿＿)にないな…」
理恵	「あの…私、貴方のお名前をまだ(⑥＿＿＿＿＿＿＿)ませんけれど…」
立花	「ああそうでしたね。ほらこれが(⑦＿＿＿＿＿＿＿)」

7-5

理恵	「！？(① ____________)ソフトスペース社長！立花信也25歳25歳！私と同じ年なんだ」
立花	「自分で言うのもなんだけど、僕はよく(② ____________)などで記事になってるからね」
理恵	「だったら、私は高校生の時、写真のモデル…してたわ」
立花	「そっか…それで(③ ____________)があう。(④ ____________)なんかの写真を見て(⑤ ____________)顔を憶えていたんだ」

理恵　「でも…私、間違っても経済誌なんか見たりしないわ。それに…」

立花　「それに？」

理恵　「私がやっていたのはモデルといってもスーパーのチラシなの…」

立花　「チラシ？何というスーパー？」

理恵　「(①＿＿＿＿＿＿)の…『(②＿＿＿＿＿＿)庄内』だけど！」

立花　「福岡に住んでた僕が見たって事は有り得ない」

理恵　「じゃあ、私達はいつどこで出会ったの？」

立花　「それが思い出せない…君こそ何か憶えてないの？」

理恵　「ええ…これといって…あ～(③＿＿＿＿＿＿)！雑誌を見たんじゃないとすると何なの！？あ！」

7-7

立花	「何？」
理恵	「私には1つ年下の妹がいるの。しかも(①　　　　　　　　　　)と間違われるくらい私とそっくりなの」
立花	「へぇ本当に(②　　　　　　　　　　)」
理恵	「私じゃなくて妹に会ったんじゃない？」
立花	「なるほど…でも、そうすると、君が僕に会ったというのはどういう事になるわけ？」
理恵	「分からないわ…でも、とにかく妹に(③　　　　　　　　　　)確かめてみましょう。何かの(④　　　　　　　　　　)が掴めるかもしれないわ」

7-8

ナレーター	2人はバイト中の理恵の妹を訪ねて直接（①＿＿＿＿＿＿＿＿＿＿＿）。だが答えは…
理恵の妹	「知らないわ」
理恵	「本当に？」
理恵の妹	「（②＿＿＿＿＿＿＿＿＿＿＿）。今すっごく忙しいの。じゃあね」
立花	「糸口はなしか…やっぱり（③＿＿＿＿＿＿＿＿＿＿＿）…」
理恵	「そんな事ないわ！私達は絶対どこかで会っているのよ！そうは思わない？」
立花	「勿論だ。こうなったら（④＿＿＿＿＿＿＿＿＿＿＿）！」

7-9

理恵	「他に糸口はないのかしら…雑誌を見たわけでもなければ妹も(①　　　　　　　　　　　　　　)」
立花	「そうすると次は…」
理恵	「あ…どうかしたんですか？」
立花	「実は…僕には記憶喪失だった(②　　　　　　　　　　　　　　)」
理恵	「記憶喪失？どういうことなの？」
立花	「何もかもが嫌になって…自殺をしようとした事があってね…彼方此方(③　　　　　　　　　　　　)どこかはよく分からない。僕はその時のショックで一時的に記憶を失った。その時の前後の記憶が(④　　　　　　　　　　)」

7-10

理恵	「えっちょっと待って！私、以前、海で(①______________________________)人が助け出される所に(②______________________________)があるわ」
立花	「じゃあそれが僕かもしれないわけだ！」
理恵	「そこへ行ってみましょう。何か糸口が掴めるかもしれないわ。」
理恵	「どう…思い出した？確か…この辺りだったわ！」
立花	「(③______________________________)……」
理恵	「えっ！」
立花	「確かあれは…6年前だったんだけど…」
理恵	「6年前！？だったら違うわ。(④______________________________)、3年前ですもの」
立花	「そ、そうか…」

7-11

立花　「(①＿＿＿＿＿＿＿＿＿＿＿＿＿)だったな…」

理恵　「私達、一体どこで出会ったのかしら…」

立花　「あの時の事でもないとすると…まさかあの
　　　詐欺師じゃないだろうな」

理恵　「詐欺師？」

立花　「以前、(②＿＿＿＿＿＿＿＿＿＿＿)して僕
　　　に(③＿＿＿＿＿＿＿＿＿)詐欺師が実際
　　　にいたんだ。君はそいつに会ったんじゃない
　　　か？」

理恵　「まさか？それ(④＿＿＿＿＿＿＿＿)？」

7-12

ナレーター	2人はその詐欺師に直接問いただしてみるために詐欺師が(① ____________________)刑務所へと向かった。
理恵	「わあ本当に(② ____________________)」
詐欺師	「どういう風の吹き回しだい？わざわざ、ご本人が(③ ____________________)…」
立花	「おい！この女性に会った事はあるか？」
詐欺師	「ん？勿論、あるよ」
立花・理恵	「え！？」
詐欺師	「だってそいつは(④ ____________________)」
理恵	「え？ちょっと！」

7−13

立花	「そういう事だったのか！」
理恵	「(① ______)！嘘よ！だったら私の名前を言ってみなさいよ」
詐欺師	「えーと…ゆかりだったかな？いや…直子だ」
理恵	「ほら！(② ______)！」
立花	「また(③ ______)！」
詐欺師	「そうだよ。ハハハ本当は1度もその女の顔なんか見た事もないよ」
立花	「ここでも糸口はなしか…。すまなかったね。君には(④ ______)してまって…」

7-14

| 理恵 | 「…ったく！むかつく詐欺師だった。あ！詐欺師と言えば…警察よ」 |

理恵　「…ったく！むかつく詐欺師だった。あ！詐
欺師と言えば…警察よ」

立花　「そりゃ警察は関係しているけど…」

理恵　「私、アパートの近くで(①＿＿＿＿＿＿
＿＿＿＿)変質者に襲われて、(②＿＿＿＿＿＿
＿＿＿＿＿＿)事があるの。その時警察署で
モンタージュ写真を作ったんだけど…。(③
＿＿＿＿＿＿＿＿＿＿＿)写真を見せられ
て…」

立花　「その中に僕の写真があったって言うのか！
冗談も(④＿＿＿＿＿＿＿＿＿)！」

理恵　「……」

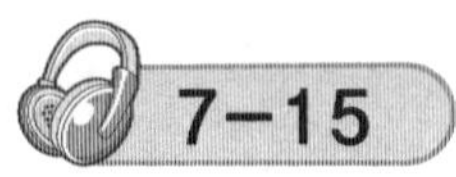

立花	「だったら…うちの会社内で(① ________________ ________________)の時に、僕だって容疑者の写真を(② ________________)。勿論、その中には女性もいたさ。その中の一枚が君だったのかもしれないね」
理恵	「そんな！酷い！」
立花	「酷い？(③ ________________)！よし確かめようじゃないか！おい(④ ________________)！」
運転手	「はい」

7-16

| 立花 | 「無理を言ってすみません。横山警部」 |

立花　「無理を言ってすみません。横山警部」

警部　「いやいやとんでもない…(① ＿＿＿＿＿＿＿＿＿

＿＿＿＿＿＿＿＿＿＿＿＿＿＿＿＿＿＿＿)。定

年後の話よろしくお願いしますよ」

立花　「あ、はい…その事だったら任せて下さい」

警部　「(② ＿＿＿＿＿＿＿＿＿＿＿＿＿＿＿＿

＿＿＿＿＿＿＿＿＿＿＿＿)」

ナレーター　果たして2人の出会いの謎は解明されるの

か！

ナレーター　いつかどこかで会っているはずの2人。立花信也と佐藤理恵。運命的な再会を果たした2人は、出会いの謎を解明するために、(①

　　　　　　　　　　)。しかし、なにをしても手がかりすら掴めない。(②

　　　　　　)警視庁に乗り込み、指紋照合を行う事にした。

7-18

理恵	「ほら！ないでしょう！」
立花	「じゃあ、今度は僕だ！ほら無しだ！」
理恵	「よかった！」
立花・理恵	「あ…」
立花	「これだけ手を尽くしてもはっきりしないというのはどういう事なんだろう？」
理恵	「（①＿＿＿＿＿＿＿＿＿＿＿＿＿）？」
立花	「えっ！？」
理恵	「（②＿＿＿＿＿＿＿＿＿＿＿＿＿）。私達自身も知らない間に…」
立花	「まさか…」
理恵	「だってあなたは大きな会社の社長さんなんですもの。（③＿＿＿＿＿＿＿＿＿＿＿）」

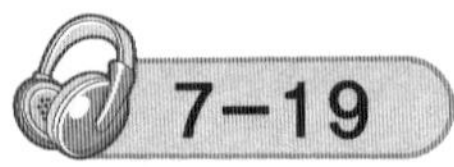

立花	「そうだとしても…君はどう関係してくるの？」
理恵	「それこそが謎なのよ。(① ______)…」
立花	「そうだね…でも…」
理恵	「でも？」
立花	「(② ______)。それでもいいのかい？」
理恵	「いいわ。だってそれは私やあなた自身の人生ですもの…。(③ ______)」
立花	「(④ ______)」
理恵	「いいわよ」

理恵	「(① ）、あの東京タワーを見てすごく感激したわ」
立花	「うん僕もそうだったな…」
理恵	「(② ）」
立花	「ああ、そうだけど…」
理恵	「へぇ、私が泊まった旅館はオンボロで…」
立花	「うん僕もオンボロの旅館だったなあ」
理恵	「(③ ）…」
立花	「そうそう僕が泊まった旅館もそうだった」
理恵	「(④ ）…」

7-21

立花	「うん！気持ちが悪かったなあ…」
理恵	「(①)…」
立花	「(②)…」
理恵	「えっ！？」
立花	「あれ！？それは何ていう旅館だったの？」
理恵	「何ていったっけ？品川の…」
立花	「ひょっとして品川にある松屋旅館！」
理恵	「そう！品川の松屋旅館！」
立花・理恵	「じゃあ同じ旅館だったんだ！」
理恵	「雨漏りがあったなんて…」
立花	「まさか同じ日に…」
理恵	「ひょっとして…」
立花	「あっ、まさか！」
立花・理恵	「あの時の！」

ナレーター	10年前、立花と理恵はここ品川の松屋旅館で出会っていたのだろうか…
理恵	<中学生>「(① ____________________ ____________________)」
友達	「うん」
理恵	<中学生>「！」
立花	<中学生>「…！」
ナレーター	こうして(② ____________________ ____________________)。人生とは出会いであるとはいえ、全ての出会いが望ましいものとは限らない。しかしどんなに恥ずかしく惨めな出会いであろうとも、(③ ____________________ ____________________)。そして1年後2人は目出度く結ばれたのであった。

MEMO

第8課

睡眠

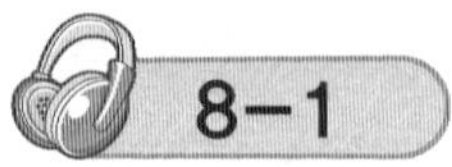

青井実	さあ、次行きましょう。続いての(①＿＿＿＿＿＿＿)なんですけれども、こちらですね。お手軽。即眠！頭寒足熱の(②＿＿＿＿＿＿＿)。
ナレーター	もう一度(③＿＿＿＿＿＿＿)な睡眠のグラフを見てみましょう。ポイントは眠りについて30分ほどで深い睡眠になる事。寝ついてから早い時間でこの深い睡眠に(④＿＿＿＿＿＿＿)する事がリズムのとれた質の良い睡眠に(なるほど)(⑤＿＿＿＿＿＿＿)といいます。

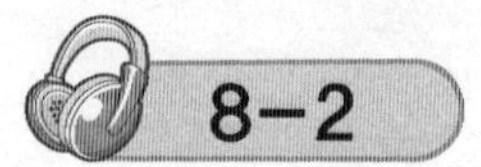

林光緒教授	寝つきが良ければですね、あの、すっと眠れなりますし、あの、すぐに(①　　　　　　　)睡眠までやってきますし、睡眠の(②　　　　　　　)もよくなりますから。
ナレーター	こちらの30歳になる藤崎真樹さんは寝つきが悪く、(③　　　　　　)辛い思いをしていると言います。
藤崎真樹	(④　　　　　　)に入っても寝つきが悪いです。まあ、(⑤　　　　　　)でも1時間とか(⑥　　　　　　)とかしちゃったり、うだうだして眠れないっていう感じです。

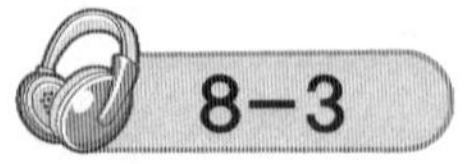

ナレーター　そこで藤崎さんの寝つきを(①＿＿＿＿＿＿)みる事にしました。ベットに入ってからの1時間を(②＿＿＿＿＿)します。目が(③＿＿＿＿＿)いる事を示す赤いラインが続き、なかなか寝つけていません。

みんな　辛いね。(辛い、辛い)

ナレーター　45分経ってようやく寝つきましたが、深い眠りには1時間経っても(④＿＿＿＿＿＿)でした。寝つきを良くするには(⑤＿＿＿＿＿)どうすれば良いんでしょうか？

林光緒教授　あの～頭寒足熱という(①　　　　　　)があるんですけども、これは(②　　　　　　)に正しいという事が分かっています。

ナレーター　よく眠れるといわれる頭寒足熱。そこで冷却ジェルシートと湯たんぽを(③　　　　　　)しました。(昔ながらの)冷却ジェルシートをおでこに(④　　　　　　)頭を冷やします。

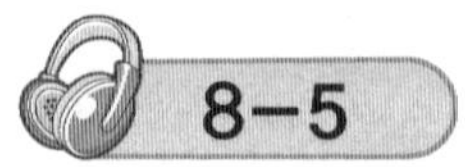

林光緒教授 頭を冷やすというのは、要するに脳の温度、体の温度を下げるという意味なんですね。これは、睡眠中(①＿＿＿＿＿＿＿＿)ので、下がっていかないと眠れないわけです。

ナレーター 湯たんぽは予め布団に(②＿＿＿＿＿＿＿＿)。

林光緒教授 ええ、温めることによって(③＿＿＿＿＿＿＿＿)。それによって放熱しやすくなるんですね。放熱することによって体全体の体温が下がっていく、(なるほど)ですね。

ナレーター	湯たんぽは寝る前に取り出しましょう。足を温め続けると、体温が上昇し眠りが(①　　　　　　　　　　　　　)。この頭寒足熱で寝てみると…。(②　　　　　　　)13分で眠りにつきました。(あら)そして30分で深い睡眠に達しました。藤崎さん(③　　　　　　　　)眠っています。
スタッフ	お早うございます。
藤崎真樹	(④　　　　　　　　　　　　　)上は冷たいっていうのが凄い気持ちよくて、うん、良かったです。

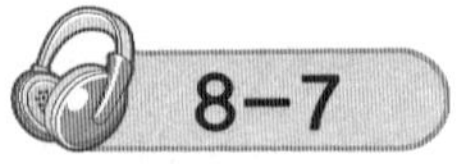

Megumi	うんん～、(①____________)(ねえ) あれだけの事で寝れるんですね。
大久保佳代子	凄い。冷やして温かくして。
Megumi	すぐですね、できますよね。
大久保佳代子	確かに、あの、言うのもお風呂に入りなさいっていうじゃない？お風呂に入って体温を上げて体温がちょうど下がってきた時に(フット)フッて…。でもお風呂に入らないの。(え？)
Megumi	(②____________)？

8-8

大久保	そういう意味。そういう意味。私、そんな
青井実	有り得るから。
Megumi	「有り得るから」って言ってますよ。
大久保	あり得ないでしょ。(① ______)から(ああ〜)結構、だからかもしれない、それは。
青井実	えと、お風呂は布団に入る(② ______)良いそうです。(お、結構前なんだ)
Megumi	すぐ寝ちゃ駄目なんだ。

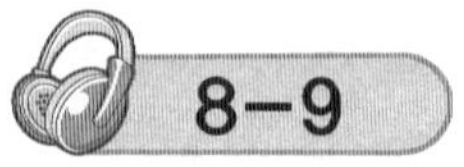

青井実　で、(①＿＿＿＿＿＿＿＿＿＿＿＿＿＿＿＿＿＿＿＿＿＿

＿＿＿＿＿＿＿＿＿＿＿＿＿＿＿＿＿＿＿＿＿＿)

寝つきが悪くなる(ううん)との事ですって。

早く寝つくと、最も早く深い睡眠に入る事

ができるそうなんですよ。

バービー　おお～

大久保　じゃあ、ずっと寝つけないと、深い睡眠に

入るのも…。なんか入れない。

青井実　(②＿＿＿＿＿＿＿＿＿＿＿＿＿＿＿＿＿＿＿＿＿＿

＿＿＿＿＿＿＿＿＿＿＿＿＿＿＿＿＿＿)。(ああ、ああ)

Megumi　深い時に起きなきゃいけないのか。

青井実　そう、そう、(③＿＿＿＿＿＿＿＿＿＿＿＿＿＿＿

＿＿＿＿＿＿＿＿＿＿＿＿＿＿＿＿)。

大久保　やぁ、本当だね。(①

）。睡眠ってやっぱり大きいの

かも。

Megumi　隈今日凄いですもんね。(うわあ〜)

大久保　気にする事を言った、あの人！(ははは)

大久保　(②

）。

青井実　ところでですね、(③

）一つとして鼾がありますけれど

も、鼾をかくと睡眠中呼吸がしにくくなり

まして、睡眠も浅くなってしまうんですけ

れども、この中で「鼾をかくね」って指摘さ

れた方っていらっしゃいます、今まで？

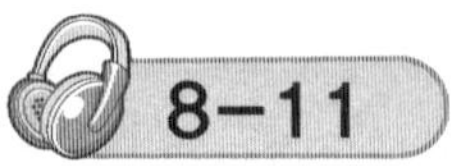

Megumi	ありますよ。(① _____________________ _____________________ ______)…。うんまあ。
大久保	可愛いやつ？
Megumi	え、可愛くないやつだと思います。本気のやつです。でも、(② _____________________ _____________________)。(うん～、したくない)いくら夫婦だっていっても。
バービー	(③ _____________________ _____________________)。ロケバスの中で寝て寝てた時に。
大久保	十分だよ。ロケバスでかきだしたら、もううや、普通にかいてるよ。いつも。
Megumi	だって10分15分(そう、そう)なもんでしょね。
大久保	＜周りに？＞人が凄いいる環境でしょ。(そうです)絶対かいてるよ。

第9課

妖怪ひたりひょん

ナレーター 現代社会には(①________________)前には(②________________)も出来ない様々な妖怪が存在します。本日(③________________)するのは…妖怪ひたりひょん。とにかく自分大好き男で自分が世界の中心にいるという(④________________)に浸る世にも(⑤________________)妖怪なのです。

従業員 いらっしゃいませ。こちらのお席でよろしいですか？

男子・係長 構わないよ。あ~そうだな、ホットコーヒー2つで。

従業員 あ、(⑥________________)。

男子・係長 やあ、それにしても何か(⑦________________)。

女子社員 あ、よく来るんですか？

男子・係長 いやシドニーの友達の(⑧________________)によ

く似てるんだよね。あ、ソーリー。俺ほら

(⑨　　　　　　　　　　)だから。

ナレーター　　聞いてもないのに(⑩　　　　　　)から入る

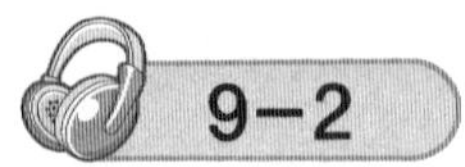

女子社員	係長今日はありがとうございました。係長に来て頂いたお陰で新しい(①＿＿＿＿＿)が出来ました。
男子・係長	あぁ。
女子社員	どうしたんですか？
男子・係長	今日の俺は(②＿＿＿＿＿)だ。
女子社員	そんな事ないです。係長のお陰です。
男子・係長	いや何でもっと(③＿＿＿＿＿)に契約できなかったのかって(④＿＿＿＿＿)してる。俺ってほら自分に厳しい人間じゃん？だから普通の人間が(⑤＿＿＿＿＿)できる(⑥＿＿＿＿＿)より高えんだ。
ナレーター	てめえに厳しい(⑦＿＿＿＿＿)をする

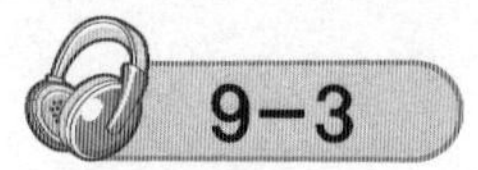

従業員	お待たせしました。ホットコーヒーです。
男子・係長	サンキュー。
女子社員	(①＿＿＿＿＿＿)係長っていつ寝てるんですか？
男子・係長	それについて答えを出すとすれば「3日寝てない」だな。
女子社員	えっ眠くないんですか？
男子・係長	眠いさ。でも俺が寝たら誰が会社の(②＿＿＿＿＿＿)上げるんだよ。俺だろ？そういえば、あの(③＿＿＿＿＿＿)も寝ない事で(④＿＿＿＿＿＿)なんだよな。
女子社員	そうなんですか？
男子・係長	ビルと一緒だなんて(⑤＿＿＿＿＿＿)話だよ。
ナレーター	いつの間にか勝手に(⑥＿＿＿＿＿＿)と肩を並べている。

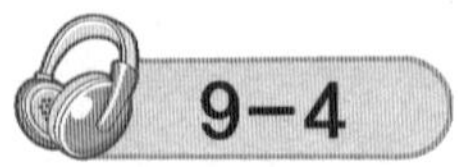

女子社員	あの、どうやったら、係長のようになれますか？
男子・係長	そうだな～。まずお前は(① ________________)の事を聞かれたら、全くしゃべれないよな。
女子社員	はい。
男子・係長	それをまず直す事だな。(② ________________)を取り除いてやるんだよ。
女子社員	はい。
男子・係長	いいか？仕事はここで仕事するんじゃない。どこだと思う？
女子社員	さあ…。
男子・係長	ここなんだよ。
ナレーター	彼の辞書に(③ ________________)はない

女子社員	な…なるほど。
男子・係長	でももっと(①＿＿＿＿＿＿＿＿＿＿＿＿＿)がある。分かるか？
女子社員	何ですか？
男子・係長	(②＿＿＿＿＿＿＿＿＿＿＿)だ。いいか？うまく(③＿＿＿＿＿＿＿＿＿)、オピニオンリーダーの(④＿＿＿＿＿＿＿＿＿＿)。それが出来て初めて(⑤＿＿＿＿＿＿＿＿＿)んだ。覚えておけ、ブレイン、大事だぞ。
ナレーター	(⑥＿＿＿＿＿＿＿＿＿＿＿＿)内容が頭に入らない

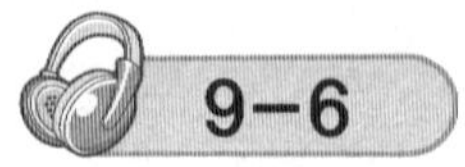

男子・係長	あ~もうこんな時間か。次の(①______________)見せてくれる？
女子社員	あ、はい。こちらです。
男子・係長	何だ、これは？全部間違ってるじゃないか。
女子社員	すいません。(②______________)寝れてなくて。
男子・係長	みんな寝てないんだよ！結局お前は大学生かよ？ああ？誰かがケツ拭いてくんねえと駄目な人間かよ。クソ女！

9-7

女子社員	すいません。
男子・係長	そんなんだったら、(① ________________ ________)！
女子社員	すいません！
男子・係長	(② ________________________)。ちょっとトイレ行ってくる。退け。
女子社員	「すまん、さっきは言い過ぎた！(③ ________________ ________)」はあ？
ナレーター	怒ってから(④ ________________)

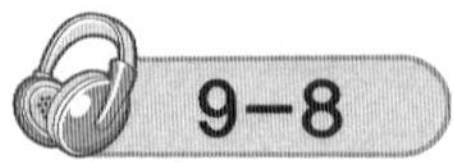

男子・係長 お待たせ。頑張れよ。とにかく今後この件は(①　　　　　　　　　　　　　)。お前は会社で便所掃除でもしてろ。

女子社員 最後まで(②　　　　　　　　　　　　)！

男子・係長 フッ。ハハハハハハ…。負けた、負けた、うん負けた。

女子社員 係長って面白いですね。

男子・係長 まあな~。(③　　　　　　　　　　　　　　　　　　)。ほら俺ってギャグセンス高えじゃん？結局隠せねえんだよな。(④　　　　　　　　　　　　　　　　　　)。腕があり過ぎるってのも辛いよな。

ナレーター (⑤　　　　　　　　　　　　　　　　　　)

9-9

男子・係長	(①　　　　　　　　　　　　　　　　　　　　　　)。
従業員	かしこまりました。
男子・係長	幾ら？
従業員	(②　　　　　　　　　　　　　　　　　　　　)。
女子社員	あ、私払います。
男子・係長	バカヤロー。ここは格好つけさせろよ。
女子社員	いえ、いえ、このぐらい払います。
男子・係長	いいよ、払うから。
ナレーター	500円で格好つける
女子社員	あ…ありがとうございます。
従業員	はい、ありがとうございます。
男子・係長	(③　　　　　　　　　　　　　　　　　　　　　　　　　　　　)。
女子社員	え？
ナレーター	(④　　　　　　　　　　　　　　　　　　　　　)。

9-10

男子・係長	(① ________)。
ナレーター	(② ________)。
男子・係長	俺先行くわ。
女子社員	はい。
男子・係長	(③ ________)。
女子社員	はい。
男子・係長	(④ ________)。
女子社員	え…キンモ！超キモイんだけど！マジキモ！何、何、何…。マジキンモ、誰あいつ？
従業員	大変っすね。嫌でしょ？あの人。
女子社員	えっキモイ。全部キモイ。何、何、何？
従業員	嫌でしょ？あの人。
女子社員	えっキモイ、何？

ナレーター　　(⑤ ____

________________) ?

MEMO

第10課

紀行奈良

ナレーション　京都から(①　　　　　　　)で30分余り、私の町奈良が見えてきた。山々に囲まれた緑(②　　　　　　　)美しい町。ここに都が出来てから1300年。長い長い時を(③　　　　　　　)。だから古いお寺や(④　　　　　　　)が沢山。古都・奈良の(⑤　　　　　　　)としてユネスコの(⑥　　　　　　　)にも登録されている。

中園彩香　皆さん、奈良にようこそ。私は中園彩香といいます。奈良で生まれ、奈良で(①＿＿＿＿＿＿＿＿＿＿)。豊かな自然に囲まれ、歴史がいっぱい(②＿＿＿＿＿＿＿)奈良は、静かで(③＿＿＿＿＿＿＿＿＿)時間が流れています。さあ、私と一緒に7つの(④＿＿＿＿＿＿)を見つけに行きましょう。

1. 鹿の園り

ナレーション　最初の幸せは鹿。(①＿＿＿＿＿＿＿)古くから奈良の人々に愛されてきた。奈良公園には(②＿＿＿＿＿＿＿＿＿＿)の鹿がいると言われている。歩いていれば、きっ

と鹿たちに出会えるはず。見て。(③ __________

__________)が揃ってるでしょう。

ちょっと不思議よね。実は鹿が(④ __________

__________)高さまで全部食べたから。

ナレーション　「(①________________)」って呼ばれてる。朝10時、今から「鹿寄せ」が始まる。音で鹿を(②________________)。でも、もう鹿が集まってるけどどうして？

鹿寄せの男　これ集まっている鹿さんたちは本当に頭の良い子らで、あのう、吹かんでも来るというね。(③________________)です、一番。

(ホルン)

ナレーション　さあ始まった。よ~く見ててね。ほら森の向こうから沢山の鹿。一列でやってくる。

…(ホルン)…

こっちからも。お目当てはどんぐりの実。美味しそう。(①＿＿＿＿＿＿＿＿＿＿＿＿

＿＿＿＿＿)、鹿せんべいは鹿にとって優しい味。それにしても…スカートの紐が…。

中園彩香　めっちゃかじられる服。ちょ…ちょっと待って。

ナレーション　(②＿＿＿＿＿＿＿＿＿＿＿＿

＿＿＿＿＿＿＿＿＿＿＿＿)。すると…賢いね。奈良に来たら、鹿たちが大歓迎してくれますよ。

2. 奈良町ふらり

ナレーション　どこか(①　　　　　　　　　)奈良の町並みを歩いてみる。それが2つ目のしあわせ。＜この辺りは(②　　　　　　)「奈良町」と(③　　　　　　　)地域です。昔の(④　　　　　　)が残る家並みに人々の暮らしがあります。ぶらりと歩いてみればきっと(⑤　　　　　　　)の場所が見つかるはず。＞奈良町では江戸時代から明治にかけての町並みが地域の人たちの手で(⑥　　　　　　　　)。

ナレーション	ほら赤い物が(①)でしょ。これは「身代わり甲」という(②)。小さな赤い(③)を丸めて作っている。家族の人数分を(④)のよ。建物は古いけど、中に入れば新しさが詰まってる。この建物には若い人たちの(⑤)が並んでいて(⑥)の雑貨を売っている。

中園彩香	は、こんにちは～。
工房の主	こんにちは。いらっしゃいませ。
中園彩香	一個一個手作業で(あ、そうです)作られてるんですか？
工房の主	一個一個手作業なので…。

ナレーション　(①＿＿＿＿＿＿＿)や真鍮を叩いて(②＿＿＿＿＿＿)

こんなふうに。工房の主は奈良の人とは(③

＿＿＿＿＿＿)。でもみんな奈良が好き。

工房の主　中学生ぐらいの時から、こう、奈良ととかが奈良とか仏像が凄い好きになってしまいまして。愛知県出身なんですけれども。(①　　　　　　　　　　　　　)愛知県にいる時より奈良にいる時の方が(②　　　　　　　　　　　　　)。奈良に来てから殆ど(③　　　　　　　　　　　　)、なんか本当に(④　　　　　　　　　　　　)んでしょうかね。元気になりました。

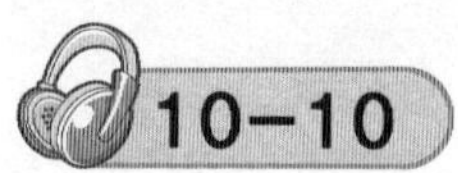

ナレーション	もう少し歩いてみよう。
からくりオモチャ館長	こんにちは。いらっしゃいませ。
中園彩香	こんにちは。
ナレーション	ちょっと見ると、(①＿＿＿＿＿＿＿＿＿＿＿＿＿＿＿＿)。でも江戸時代から受け継がれた面白い(②＿＿＿＿＿＿＿＿＿＿＿＿＿)。
からくりオモチャ館長	ここの(③＿＿＿＿＿＿＿＿＿＿＿＿)下さい。
中園彩香	ネズミが(④＿＿＿＿＿＿＿＿＿＿＿＿)。
からくりオモチャ館長	上がっていくんですけど。もっと回してもらうと…。
ナレーション	あれ？もう出てきた。実はネズミは2匹いました。

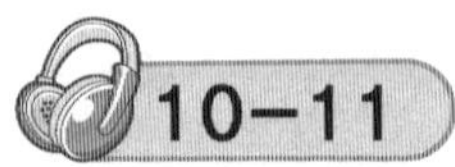

中園彩香	大きいのは何ですか？
からくりオモチャ館長	大きいのはね…これは、え、卵がヒヨコに孵るというからくりなんですけれども。
中園彩香	うわ~！何か出てきましたね。ヒヨコ？
からくりオモチャ館長	卵が(すごい)ヒヨコに孵ったでしょ？
ナレーション	こんなからくりオモチャがいっぱい。(①______________________)。私もからくりオモチャ作りに挑戦！作るのは紙燕。(②______________________)。上手く出来るかな。(③______________________)。

からくりオモチャ館長	奈良町という所は時間が凄くゆっくり流れてるんですね。(①＿＿＿＿＿＿＿＿＿＿＿＿＿＿＿＿＿＿＿＿＿＿＿＿＿＿＿＿＿)と思いますね。都会で生活されてると、(②＿＿＿＿＿＿＿＿＿＿＿＿＿＿＿＿＿＿＿＿＿＿＿＿＿＿＿＿＿)、奈良町で過ごしてると、そのう、(③＿＿＿＿＿＿＿＿＿＿＿＿＿＿＿＿＿＿＿＿＿＿＿＿＿＿＿＿＿)。
ナレーション	さあ乾いた。あとは仕上げ。
中園彩香	あっ、(出来上がりましたね。)出来た。
ナレーション	これが私の紙燕。上手く飛んでくれるかな。

中園彩香　　　あっ、やった~。

からくりオモチャ館長　飛んできて。

中園彩香　　　よかった~。うわ~！

第11課

ストレス

11-1

ナレーター　みんなを元気づける芸能人もストレスは(①＿＿＿＿＿＿)のね。ところで「(②＿＿＿＿＿＿)」って言葉、何時からこんなに使われるようになったのかしら？1990年代、(③＿＿＿＿＿＿)お祭り気分のバブルが(④＿＿＿＿＿＿)を迎え、日本は長い(⑤＿＿＿＿＿＿)に入っていたの。そして1999年、間近に迫る2000年問題にノストラダムスの(⑥＿＿＿＿＿＿)。世界的なストレスが広がったこの年。「全ての疲れている人」へと歌った…(⑦＿＿＿＿＿＿)ミュージックが流行。そして…。

11-2

コマーシャル　コラコラ。一生懸命も休み休みにしてよね。(①＿＿＿＿＿＿＿＿＿＿＿＿)。

ナレーター　(②＿＿＿＿＿＿＿＿＿＿＿＿)女性タレントを称する時の「癒やし」という言葉がこの年流行語として登場、疲れた(③＿＿＿＿＿＿＿＿＿＿＿＿)させたのね。そして迎えた21世紀、30代非婚の女子たちを例えた(④＿＿＿＿＿＿＿＿＿＿＿＿)流行語に。ストレスにさらされる女性たちが急増し…癒やしを求めるようになっていたの。

ナレーター　そんな女性たちを大いに慰めたのが、あの名作ドラマ。(①＿＿＿＿＿＿＿＿＿＿＿＿＿＿＿＿＿＿＿＿＿)。ストレス・ケアの(②＿＿＿＿＿＿＿＿＿＿＿＿＿＿＿＿＿＿＿＿＿)。女性をターゲットにした商品やサービスが続々と登場。(③＿＿＿＿＿＿＿＿＿＿＿＿＿＿＿＿＿＿＿＿＿)。疲れていても時代を作り出すのはやっぱり女性なのね。

第12課

世界の雑貨を巡る・神戸

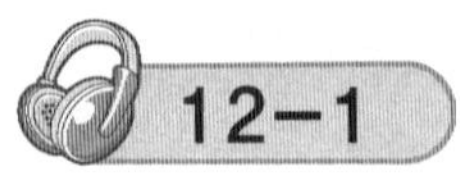

ナレーター　神戸で世界の雑貨巡り。星野さんが最初に(①＿＿＿＿＿＿＿＿＿＿)のはどこの国？こちらは神戸でも珍しいアフリカの物に(②＿＿＿＿＿＿)店。広大なアフリカ(③＿＿＿＿＿)全土の(④＿＿＿＿＿＿＿)をセレクトしているのは…オーナーの上田さん。アフリカ雑貨の(⑤＿＿＿＿＿)は大胆で独創的な(⑥＿＿＿＿＿＿)とカラフルな色使いと言います。その(⑦＿＿＿＿＿)を伝えたいと、まだアフリカ雑貨が(⑧＿＿＿＿＿＿＿)12年前にこの店をオープンしました。

12-2

上田敬子	ドロ染めっていう、あのう、(①＿＿＿＿＿＿＿) のようなもので色をつけてるというか。
星野	ドロ染め？へえ～。
上田敬子	アフリカのマリっていう国の、あのう、(マリ)はい、(②＿＿＿＿＿＿)なんですけど。
星野	(③＿＿＿＿＿＿)ですね。
上田敬子	ただドロと一緒に、まあ、ちょっと動物のね、糞とかが入ってたりもするので、物によっては凄いね…ちょっと臭ったりとか。(④＿＿＿＿＿＿)匂いがしたりとかそういう物もあったりします。

12-3

星野	(①＿＿＿＿＿＿)と共に生きる(そうですね。)っていうような感じですかね。これ可愛いですね。これもそうですか？
上田敬子	そうですね。この辺は(②＿＿＿＿＿)で作っているバックになるんですけど。
星野	凄いしっかりしてますね。
上田敬子	サイザル麻っていう麻とこれはアクリルウールを一緒に(一緒にね)(③＿＿＿＿＿＿)、アクリルを入れる事で軽く(④＿＿＿＿＿＿＿)。

12-4

ナレーター	10年は持つという丈夫なサイザル麻。実際にアフリカの(①　　　　　　　　　　)使われているバスケット。(②　　　　　　　　　　)雑貨が勢揃いしています。
星野	わ〜すごい。わ〜カラフルで…。(③　　　　　　　　　　　　　　　　　　)すよね。
上田敬子	そうですね。
星野	はっきりしていて。
ナレーター	伝統の柄を(④　　　　　　　　　　)生地は(⑤　　　　　　　　　　)ユニークなモチーフが特徴。

上田敬子　面白いのが(①　　　　　　　　　　　　)(あ、ホントだ)柄なんですけど、なんか目が付いてて(②　　　　　　　　　　)されているという。

星野　ちょっとなんか日本の唐草模様(そうですね)みたいな雰囲気も(はい)あったりして。

星野　あ、それはなんかボタン？

上田敬子　はい、(③　　　　　　　　　　　)。

星野　フフフフ。現代風って事ですか。ふ～ん。

上田敬子　結構カラフルな物とかモチーフが面白かったりする物多いですね。

ナレーター	他にも面白い(①　　　　　　　　　　)。
星野	いろんな(②　　　　　　　　　)。
上田敬子	はい、カンガという東アフリカの方の布です。こちらはもう1枚で絵になってるというか、(③　　　　　　　　　　)、なんか柄はね、なんか水玉とお花の柄とか。(可愛いですね。)(④　　　　　　　　　　)可愛かったりはしますね。

ナレーター	アフリカ東部で暮らす人々にとっては欠かせない身に着ける巻き布、カンガ。(① ____)。
星野	これ、どういう意味なんだろ？「みんなが言うけどあなたも言うの」。
上田敬子	そうもう、結構面白いですよ。(② ____)。
星野	一つ一つ全部違うんですね。」(③ ____)」。まだこれはちょとね、そういう感謝の気持ちを言い表したいけれどっていう事ですよね？
上田敬子	そうですね。

星野　面白いですね。もうそういう物って事ですよね。こういう物には何かメッセージを入れて。「(①　　　　　　　　　　　　　　　　)」。こんなお、ちょうど贈る時には気を付けて(そうですね)ちゃんと選んだ方がいいですね。

上田敬子　そうですね。

星野　メッセージに意味が込められてしまう。

ナレーター　(②　　　　　　　　　　　　　　　　)。

上田敬子　この辺が…これも南アフリカのビーズのコースターなんですけど。

星野　可愛い。ビーズ細工は有名なんですか？

上田敬子　え〜と、南アフリカの方は結構有名ですね。

星野　(①＿＿＿＿＿＿＿＿＿＿＿＿＿＿＿＿＿＿＿＿＿＿＿＿＿＿＿＿＿＿＿＿＿＿＿)。

ナレーター　素朴なデザインの手作りのビーズコースター。(②＿＿＿＿＿＿＿＿＿＿＿＿＿＿＿＿＿＿＿＿＿＿＿＿＿)。